心

孩子的

与心灵照护

②

感知异常

刘薇　石萍　主编

天津出版传媒集团
天津科学技术出版社

目录

第三部分：心·风驰云走——学龄期发育异常

【第一部分】

心·云飞雨散

婴幼儿期发育异常

第一章

发育迟缓：运动与语言发育的滞后

从宝宝出生开始，他（她）的一举一动、一言一行就牵动着父母的心，但很多时候，爸爸妈妈依旧苦于没有看穿事实真相的慧眼。

如果说宝宝身体的不适多半还能被及时发现，那么与情绪、心理、精神相关的问题就更为隐秘，特别不容易被发现，很有可能错过最佳干预时期。

这也是我们执着于撰写这套书的原因。

虽然一提及情绪、心理、精神……大家会觉得玄之又玄，但如同光与影，人的情绪、心理、精神异常在日常生活中是有迹可循的。

对于宝宝而言，言行的发育包括语言和运动的发育。语言功能和运动功能的发育情况是衡量其神经系统发育情况的重要参考，与心理、智力的发育密切相关，尤其在宝宝婴儿期，其心理发育水平更多的是通过语言功能和运动功能的发育反映出来的。

一、运动的发育

宝宝运动的发育包括大运动发育和精细运动发育。

大运动是身体对大动作的控制，包括抬头、翻身、坐、爬、站、走、跑、跳等。精细运动是手及手指等部位小肌肉或肌肉群的运动，指较小的动作活动，包括抓握物品、搭积木、涂画、翻书、写字等。

1 正常进程

宝宝大运动发育的顺序为：2 月龄时在俯卧位可抬头 1～2 秒，3 月龄时在俯卧位可双手撑床胸部离开床面，4 月龄时开始翻身，6 月龄时可独坐，7～8 月龄时开始翻滚、爬行，10 月龄时能独站，1 岁左右会独走，1 岁半～2 岁时会跑，2 岁半时能骑小三轮车，3 岁时能上下楼梯、跳远，4 岁时能走直线，5～6 岁时会跳绳。

儿科专家还把宝宝前期的大运动发育顺序编成了顺口溜——“2 抬，4 翻，6 会坐，7 滚，8 爬，周会走”，广为人知。

精细运动主要指的是手部运动。

新生宝宝的双手是紧握成拳的；3 月龄时，宝宝的两手能够张开或轻握拳；4 月龄，宝宝开始能用手掌握物，从开始大把地、不准确地抓，到后来两只手同时抓，或双手交换手中的物体；从只能抓大的物体，到后来拇指、食指相对地精细捏取；从无意识地松手，到有意识地放下，宝宝的手变得越来越灵活。

2 异常信号

如果宝宝——

3 月龄时，俯卧时不会抬头；

6 月龄时，手紧握拳不松开，不会伸手及抓物，不会扶坐；

8 月龄时，不会双手传递玩具，不会独坐；

12 月龄时，不会用拇指、食指对捏小物品，不会扶物站立；

1 岁半时，不会独走；

2 岁时，不会扶栏上楼梯，不会跑；

2 岁半时，走路经常跌倒；

3 岁时，不会双脚跳，不会模仿画圆……

到相应的年龄，宝宝出现上述情况，很可能意味着存在运动发育迟滞的问题，请务必及时咨询医生。

二、发育性协调障碍

1 发育性协调障碍

发育性协调障碍是一个专业名词，又被叫作“运动协调障碍”，通常指的是由运动落后发展到功能性运动缺陷。

用个不太恰当的比喻，它就像是我们参加跨栏比赛，我们迈出第一步时慢了半拍，后面便会一直赶不上跨栏节奏，最终就会踉踉跄跄地摔个跟头……

罹患发育性协调障碍的宝贝就是这样——他们常常在发育早期即存在运动发育的异常，大运动和精细运动发育迟缓，平衡能力和协调能力差，动作笨拙、缓慢或不准确。

学龄前期的宝宝会表现出基本运动如坐、爬、站、拉拉链、系扣子等显著延迟和笨拙。

学龄期的孩子则表现为：在生活上，穿衣服、穿鞋、系鞋带、用餐具、洗头发、洗澡都很困难；在学习上，握笔、剪纸、画画、写字困难；体育课的表现也很差，常会撞到东西，跑步步态笨拙，平衡能力差，玩各种球类运动都比较困难。

到了青春期以后，运动协调上的困难可能体现在学习新技能上，如驾驶汽车、使用工具等。

2 治疗

发育性协调障碍的治疗主要以动作治疗、感觉统合训练、心理治疗为主。尽管随着时间的推移，症状可能会有所改善，有些孩子的症状会完全消失，但 50% ～ 70% 的孩子的症状会持续到青春期以后。

独角兽时间

出镜小朋友：东东

性别：男

年龄：8 岁

因汉字书写困难、运动协调性差来就诊。

询问病史：东东自幼坐、爬、站、走、跑均晚于同龄儿童，言语发育正常。2 岁半时，东东进行盖泽尔发育商测试，结果显示，大运动、精细动作能力相当于 2 岁儿童水平。上幼儿园大班后，老师反映其生活自理能力差，不会用筷子，穿衣服穿不好。上学后，老师反映其学习能力差，不会握笔、写字慢、字写得东倒西歪，体育课跑步时步态笨拙、平衡能力差。妈妈也觉得他不如同龄小朋友动作灵活，鞋带总系不好，不会踢球、打球，不会玩滑板车。

体格和神经系统检查：未见异常。

韦氏智测：智商正常。

精神状况检查：接触好，言语表达好，观察其跑步动作不协调，握笔动作笨拙，字写得东倒西歪。

诊断：发育性协调障碍。

三、语言的发育

语言能力是智能水平的主要表现之一，因此宝宝语言的发育也是爸爸妈妈要特别关注的问题。

1 正常进程

事实上，宝宝出生后的第一声啼哭就是他最早的发音。

出生 2 周左右，宝宝就能区分人声和其他声音。

2 月龄的宝宝能感应到大人说话时的情绪并做出反应，如大人粗声斥责时会哭，柔声安慰时会笑。

2～3 月龄的宝宝能发出表达积极情绪的声音，如舒服、高兴时会发音，成人逗他时会发出“a”“o”等元音。

4 月龄的宝宝能发出“baba”“dada”等重复的、连续的音节。

7 月龄开始，宝宝会对自己的名字有反应。

8～9 月龄的宝宝会拍手表示“欢迎”，摆手表示“再见”。

到了 1 岁左右，宝宝会正式开始学说话。

1 岁半～3 岁，是宝宝的语言迅猛发展期。

2～3 岁，宝宝能说一些 6～10 个字的句子。

3 岁末，宝宝就能基本掌握语言。

2 异常信号

如果宝宝——

3 月龄时，对很大的声音没有反应；

6 月龄时，发音少，不会笑出声；

8 月龄时，听到声音无应答；

12 月龄时，呼唤名字无反应；

1 岁半时，不会说话；

2 岁时，词汇量少于 30 个；

2 岁半时，不会说 2 ～ 3 个字的短语；

3 岁时不会说自己的名字，词汇少于 50 个，或吐字不清等。

到了相应的年纪，宝宝出现上述情况，则可能存在发育性言语或语言迟缓的问题，请及时咨询医生。

四、发育性言语或语言障碍

发育性言语或语言障碍是一个专业名词。顾名思义，发育性言语或语言障碍起病于发育期，表现为发音、语言理解或语言表达能力的延迟和异常，包括发育性语言障碍、言语语音障碍、言语流畅性障碍等。

1 发育性语言障碍

发育性语言障碍表现为语言的接受和表达障碍。

存在发育性语言障碍的孩子语言的发育明显落后于同龄儿童——学习单词的速度慢，词汇量比同龄人少，说出的句子较同龄人简单，且语法错误比同龄人多。但其他方面的发育是正常的。

2 发育性言语语音障碍

发育性言语语音障碍包括构音障碍和语调、音调的异常。

常见的有省略部分语音，比如省略“an”，把“穿衣服”说成“出衣服”；用已知的语音代替一些不好发的语音，如把“兔子”说成“裤子”等。

这些持续存在的语音错误常导致家庭以外的人无法理解他们的言语。

3 发育性言语流畅性障碍

发育性言语流畅性障碍俗称口吃、结巴，主要表现：当孩子说话不流畅且伴随紧张、焦虑的情绪时，会出现一些身体动作，如眨眼、张大嘴巴、伸舌头或挥舞手臂、跺脚等。

4 治疗

目前基本已经从明确的训练模式转向基于社会学习

理论的治疗模式：通过积极的亲子互动为儿童创造最佳的沟通环境，同时使用游戏来增强泛化的行为，并辅之以强化奖励。

第二章

感官处理障碍：感觉过敏或感觉低敏

“感觉”也能“过敏”？

是的，不仅有“感觉过敏”，还有“感觉低敏”呢。

在宝宝成长发育的过程中，感觉系统的正常发展对于他们的认知、情感、社交和身体运动能力的发展至关重要，它是孩子认识世界、认识自己、与外界互动的基础。

然而，部分宝宝会出现“感觉过敏”或“低敏感”的异常现象，这可能会影响他们对周围环境的适应和学习能力，甚至对未来的发展产生长期的影响。

既然会给宝宝的成长带来麻烦，那我们就有必要了解一下究竟什么是“感觉过敏”“感觉低敏”，也看看爸爸妈妈应该怎样去做对宝宝的感觉发育更好。

一、知己知彼·感知觉发展的正常进程

1 视觉

新生儿期：新生宝宝的视力范围在 15 ～ 20 厘米，这意味着当妈妈把他抱在怀里喂奶时，他可以清楚地看到妈妈的脸。

1 ～ 3 月龄：宝宝开始能追视移动的物体，对人脸有偏好，开始协调手眼动作。

4 ～ 7 月龄：宝宝的视力进一步发展，色觉发育成熟，远近视力发育成熟，跟踪移动物体的能力增强。

8 ～ 12 月龄：宝宝开始出现视深度，能追踪快速移动的物体，能感知物体的远近等空间位置。

18 月龄：宝宝开始对图画感兴趣，可以区分各种形状，如正方形、圆形、三角形。

2 岁：宝宝的视力可达 0.5，能区分垂直线与水平线，逐渐学会辨别红、白、黄、绿等颜色。

3 岁：宝宝开始能说出颜色的名称，认识圆形、方形和三角形。

2 听觉

新生儿期：新生宝宝出生时鼓室（位于中耳内的一个不规则含气空腔）无空气，听力差。3～7日龄的宝宝听觉已相当良好，能对声音做出反应，如听到巨大声响会惊跳。

1～3月龄：宝宝开始能辨别声音的方向，听到声音会将头转向声源方向，对母亲的声音会表现出明显的偏好，并做出反应。

4～6月龄：宝宝能区分不同人的声音，对熟悉的声音做出更积极的反应，能对不同语调做出不同反应。

7～12月龄：宝宝能理解一些简单的声音指令，如“再见”“过来”等，能随着音乐节奏做出简单动作，对语言的韵律和节奏更加敏感。

18月龄：宝宝开始区别不同声响，如狗吠声与汽车喇叭声。

2岁：宝宝能较精确地区分响度。

3岁：宝宝对声音的区分更精细，如能辨别“er”与“e”。

3 触觉

新生儿期：宝宝的触觉发育较成熟，尤其是嘴唇、手掌、脚掌等部位非常敏感，对触摸、温度变化等刺激能做出反应，如吸吮反射就是嘴唇或面颊对触觉刺激的反应。

1～3月龄：宝宝喜欢柔软的触感，不喜欢粗糙的东西。

4～6月龄：宝宝的触觉探索变得主动，会用手去抓、摸、捏各种物体。

7～12月龄：宝宝能通过触觉来识别熟悉的物体，即使看不到也能通过触摸判断。他开始用手指进行更精细的触觉探索，如抠、按等动作。

2～3岁：宝宝可辨别物体的属性，如软、硬、冷、热等。

4 味觉和嗅觉

新生儿期：宝宝出生时味觉和嗅觉已发育得较好，能区分母乳和其他液体。宝宝生来喜欢甜味，比起白水他更喜欢糖水，而酸味或苦味会让他皱起小鼻子。

1～3月龄：宝宝的味觉和嗅觉进一步发展，对不同味道的食物会做出不同的反应，能通过嗅觉识别熟悉的人和环境。

4～6月龄：宝宝能更敏锐地发现不同味道的细微差别，对食物的味道有了更明确的喜好和选择。

7～12月龄：宝宝的味觉和嗅觉更加成熟，能通过嗅觉辨别不同的物品和场所。

2 岁：宝宝能很好地辨别各种气味。

二、异象丛生·感知觉发展的异常信号

1 感觉过敏

感觉过敏是指婴幼儿对普通强度的感觉刺激（如触觉、听觉、视觉、味觉等）表现出过度敏感或强烈不适。

（1）异常表现

触觉：宝宝抗拒穿衣、剪指甲、梳头，或对衣物标签、特定材质物品（如毛衣、袜子等）感到不适；不喜欢被触摸，包括拥抱、亲吻等，被触摸时可能会躲避或推开。

听觉：宝宝捂住耳朵、哭闹或逃避日常声音，如吸尘器、吹风机的声音；不喜欢嘈杂的环境，在商场、游乐场等场所会表现出烦躁不安。

视觉：宝宝对强光或闪烁的光敏感；看快速移动的物体时容易烦躁不安；对某些颜色或图案有强烈的厌恶反应。

味觉／嗅觉：宝宝对食物的质地和味道要求苛刻，只接受特定口感和味道的食物，拒绝尝试新的食物；对某些气味反应激烈，如香水味、油烟味、臭味等，闻到后会咳嗽、打喷嚏或表现出恶心的表情；拒绝食用有特殊气味的食物，如香菜、榴梿等。

本体觉：宝宝不喜欢参与一些需要身体大幅度运动的活动，如荡秋千、滑滑梯等；在运动过程中容易感到紧张和不安，平衡感较差。

（2）可能的原因

神经系统对感觉输入的调节异常。

早产、遗传因素或孕期／出生时的并发症。

孤独症谱系障碍或注意缺陷障碍可能伴有感觉过敏。

2 感觉低敏（迟钝）

感觉低敏是指婴幼儿对感觉刺激的反应低于正常水平，可能需要更强的刺激才能感知。

（1）常见表现

视觉：宝宝对周围环境中的视觉刺激反应迟钝，不主动观察周围的事物；可能会出现眼神游离，难以集中注意力看物体的情况。

听觉：宝宝对呼唤名字或指令反应迟钝，或在嘈杂的环境中也能若无其事，似乎听不到周围的声音。

触觉：宝宝对疼痛、温度变化不敏感，如摔倒后不哭、受伤后没有察觉；对不同材质的物品缺乏分辨能力，抓握东西时力度可能过大或过小。

本体觉：宝宝动作笨拙、喜欢大力碰撞或挤压身体，如频繁撞墙、咬手；在运动中很难控制自己的力量和动作幅度，容易碰撞到他人或物品。

前庭觉：宝宝喜欢剧烈摇晃、转圈或寻求强烈的运动刺激。

（2）可能原因

感觉信号传递到大脑的过程受阻。

发育迟缓或神经系统整合功能不成熟。

部分与孤独症谱系障碍或其他神经发育障碍相关。

独角兽时间

部分感觉障碍可能伴随其他发育问题，如孤独症谱系障碍、注意缺陷障碍、发育性协调障碍。

就医建议：若宝宝的行为明显影响日常生活，如进食、睡眠、社交等，建议及时咨询医生。

三、干预策略

1 专业干预

（1）感觉统合训练

通过专业设计的感统训练活动（如平衡木、触觉箱），帮助婴幼儿调节感觉输入，提升其适应能力。

(2) 物理治疗

如果感觉异常是由生理因素导致的，如脑部发育问题或感官疾病，物理治疗可以起到辅助作用。通过促进大脑神经细胞的发育和功能恢复，改善感觉信息的处理能力。

2 家庭干预

(1) 针对感觉过敏

减少刺激：提供安静的环境，避免强光或嘈杂声；选择柔软无标签的衣物。

渐进脱敏：通过游戏使孩子逐步接触轻微刺激，如用软毛刷轻触皮肤。

使用安抚工具：提供安抚毯等以增加安全感。

（2）针对感觉低敏

增加感觉输入：提供触觉探索玩具，如橡皮泥、沙盘等；鼓励攀爬、跳跃等。

规律运动：通过玩蹦床、荡秋千等活动增强其前庭觉和本体觉。

强化互动：用夸张的表情、声音吸引其注意力，促进其产生反应。

3 注意事项

避免强迫：不强行要求孩子接受不适刺激，否则可能导致孩子焦虑加重。

观察记录：记录孩子对特定刺激的反应，帮助医生或治疗师制订干预计划。

耐心支持：理解孩子的困难，通过正向鼓励帮助孩子建立信心。

第三章

睡眠障碍：夜惊、梦游等问题

对于忙碌的成年人而言，睡眠如同精密仪器的校准时刻，是恢复精力的关键。然而少有人意识到，睡眠对孩子的意义远比对成年人更为深远——它不只是简单的休息，而是能帮助孩子获得健康身心的重要因素。

当夜幕降临，孩子进入梦乡，此时恰是他身体与大脑高速运转、完成自我塑造的黄金时段，其重要性远超想象。

如果说健康饮食是为了保障孩子身体的正常发育，那么高质量睡眠就是孩子大脑发育的关键。

可惜对于有些孩子来说，本应安睡的夜晚却常常伴随着令人困扰的“异常”行为——突如其来地哭闹、尖叫、无意识地游走……

这些现象极可能指向两种特殊的睡眠障碍：夜惊和梦游。

这些名词看似神秘，实则有科学规律可循，不仅要理性看待，更要科学应对。

一、关于“夜惊”那些事

夜惊症，又名睡惊症，属于异态睡眠的一种，多发生于非快速眼动睡眠的深睡阶段（通常为入睡后 0.5 ～ 2 小时）。

1 主要表现

孩子会从睡眠中突然惊起，两眼直视或紧闭，哭喊、手足乱动，坐于床上或下地走动，表情惊恐，同时伴有心跳加快、呼吸急促、出汗、瞳孔扩大等。发作时很难被唤醒，持续 3 ～ 5 分钟可再次入睡，醒后对发作期间的记忆很少。

夜惊症的病因与遗传、心理因素（如睡前听紧张的故事或看惊险的电影、家庭气氛紧张、发生意外事件）等有关。

2 科学应对策略

心理支持：查找是否存在心理诱因。

发作中：避免摇晃或质问，轻声安抚直至孩子恢复平静。

唤醒疗法：发作前 10 ～ 15 分钟唤醒孩子并保持清醒 15 分钟。

严重者：可进行短期药物治疗。

3 注意：夜惊≠噩梦

噩梦发生于快速眼动睡眠阶段，其内容生动且易被回忆；而夜惊发生在深睡期，患者并无完整梦境，醒后也无法描述恐惧来源。

独角兽时间

出镜小朋友： 果果

性别： 男

年龄： 5 岁

因近 3 个月反复出现夜间突然惊醒、哭喊，伴恐惧表现，持续 1 ～ 3 分钟，每周发作 2 ～ 3 次来就诊。

询问病史： 多发生于入睡后1～2小时，睡眠中患儿突然坐起、尖叫、表情惊恐，伴出汗、呼吸急促、心跳加快。发作时对家长的安抚无反应，难以被唤醒，持续1～3分钟后再次入睡，事后完全遗忘。白天无异常行为，生长发育正常。近期有幼儿园入学适应困难、家庭搬迁的情况。

体格和神经系统检查： 未见异常。

精神状况检查： 接触良好，言语表达好。

初步诊断： 夜惊症。

二、揭开“梦游”神秘面纱

梦游症，又称睡行症，为一种非快速眼动睡眠异常。表现为在夜间睡眠中突然起床，下地走动，是睡眠和觉醒同时存在的一种意识改变状态，多发生在睡眠的前 1/3 阶段（入睡后 1.5 ～ 2 小时）。

1 主要表现

发作时患者意识朦胧，双目凝视，在室内或室外走动，做一些刻板、无目的的动作（如弄被子、穿衣服、无目的地走来走去），有时也做些较复杂的动作，似有目的性（如搬东西、开启门锁、走出室外活动等）。对环境只有简单的反应，在熟悉的环境里可避免撞墙或桌椅，有时也会被绊倒或从窗口、楼梯摔下，甚至发生危险。有时喃喃自语，但不能正确回答问题，即使回答问题也是答非所问。对他人的干涉和关照缺乏应有的反应，很难被唤醒，可能对试图唤醒他的人予以反抗、攻击或表现出受到惊吓。发作可持续数分钟至半小时，然后自动上床睡觉或就地入睡。次日对昨夜的发作过程完全遗忘。轻症每月发作 1～2 次，重症每周发作数次。

梦游症的病因与遗传因素、神经生理发育不成熟、疾病和躯体因素（如癫痫、阻塞性睡眠呼吸暂停综合征、发热、过度疲劳等）有关，另外，家庭中的矛盾与冲突、情绪焦虑、学习紧张等精神心理因素与本病发生也有一定的关系。

2 科学应对策略

确保环境安全：锁好门窗，移除尖锐物品，床边加装护栏。

改善睡眠环境：固定作息时间，保证充足睡眠；睡前避免摄入咖啡因，避免电子设备的蓝光刺激；营造安静、舒适的睡眠环境。

发作中：对于正在睡行的患儿，应该将他牵回床上或唤醒。

发作频繁：可进行短期药物治疗。

3 注意：梦游症 & 夜惊症

梦游症与夜惊症关系极为密切，两者都被看作是唤起的障碍，许多患者都有这两种之一的阳性家族史及两种状况发作的既往史。基于二者在临床表现及病因上的相似性，近年来两种障碍已被看作是同一疾病分类连续谱的一部分。

夜惊与梦游是大脑在睡眠中“部分觉醒”的异常状态，虽令人担忧，但多数情况下可以通过科学管理降低风险。理解它们的本质，是帮助患者的关键。

若孩子的异常行为持续影响生活，爸爸妈妈需及时带孩子寻求睡眠专科医生的帮助，让孩子的睡眠回归安宁。

第四章 饮食问题：挑食、厌食等

“民以食为天”，有关典故出自《史记·郦生陆贾列传》，可见“食”何其重要。

健康饮食习惯的培养是孩子重要的早期教育课题之一，而挑食、厌食等情况更是许多婴幼儿家长面临的共同挑战。

孩子拒绝吃蔬菜，只吃特定食物，突然对食物失去兴趣……这些表现不仅会影响孩子的茁壮成长，还可能会引发家长的焦虑，甚至导致强迫喂食、情绪冲突等。

咱们不妨暂停“对抗”，从科学的角度来解析婴幼儿挑食、厌食的原因，并看看由此提供的解决方案是否切实可行。

一、挑食、厌食真相——请先别急着贴标签

挑食是指孩子在吃饭过程中对某些食物挑剔或仅吃几种自己喜欢或习惯的食物。严重挑食也是一种心理疾病，称为“选择性饮食障碍”。

小儿厌食症又称消化功能紊乱，在小儿时期非常常见，它是一种症状，并非一种独立的疾病，以较长期的食欲减退或食欲缺乏为主要表现。

1 N个生理因素

咀嚼能力不足：1～2岁幼儿如果长期吃泥状食物，可能因咀嚼能力弱而抗拒需要咀嚼的固体食物。

肠胃功能未成熟：消化能力有限，过量喂养或食物搭配不当导致胃肠不适，导致食欲下降。

出牙期不适：牙龈肿痛，影响食欲。

2 心理 & 行为

进餐压力过大：家长过度关注孩子进食量，强迫喂食或威胁（“不吃就不让玩”）导致进食时产生负面情绪。

注意力分散：边玩边吃、吃饭时看电视等习惯会削

弱孩子对食物的兴趣。

3 环境喂养误区

过度依赖奶类：孩子 1 岁后仍每天饮用超过 500 毫升牛奶，导致胃容量被占，影响其正餐食欲。

零食不限量：两餐间过多给予饼干、糕点等高热量零食会影响正餐的食欲。

饮食单一：长期重复的食材和烹饪方式，易引发孩子的厌倦。

模仿行为：家长自身挑食或对某些食物的负面评价可能被孩子模仿。

二、科学应对策略——分阶段培养健康饮食习惯

1 阶段 1：排除健康隐患

严重挑食或营养不良

若挑食行为持续且影响生长发育，建议咨询儿科医生或营养师，排查潜在健康问题（如缺锌、贫血）。

2 阶段 2：重建进食兴趣

（1）调整饮食结构

确认每日奶量不超过推荐值(1 岁后 400～500 毫升 / 天)。

过敏儿童可以在医生指导下确定营养来源。

（2）打造“无压力餐桌”

限制进餐时间。每次进餐时间控制在 20 分钟以内，超时即收走食物，不补喂。

家庭共餐制。让幼儿与家人同桌吃饭，模仿成人进食行为。

（3）多样化食物体验

提供更多选择。每餐搭配 2 ～ 3 种健康食物，允许孩子自主选择。

混搭策略。将新食物与孩子喜爱的食物混合，逐步增加比例。

改变烹饪方式。将孩子不喜欢的食物“隐形化”，如将蔬菜切成末混入主食。

调整质地与温度。根据孩子的咀嚼能力、温度喜好，提供适宜硬度及温度的食物。

3 阶段 3：培养自主进食能力

手指与食物训练

为 8 月龄以上的宝宝提供蒸软的南瓜条、香蕉块等，锻炼其抓握和咀嚼能力；鼓励幼儿用手探索食物，即便弄脏衣服也不责备。

1 岁后提供短柄勺，家长辅助孩子舀饭，让孩子自己送入口中。

2 岁后可尝试用学习筷，鼓励孩子参与摆放餐具等简单家务。

4 阶段 4：建立饮食规则

固定进餐节奏：每日 3 餐，2 次健康加餐，每餐间隔 2 ～ 3 小时。

家庭共餐示范：家长以身作则，积极品尝各类健康食物，并用语言描述食物的味道和口感。

减少干扰因素：进餐时关闭电视、收起玩具，让孩子专注于食物本身。

正向激励：用具体的表扬代替物质奖励。

独角兽时间

家长要注意的“三不原则”

不强制要求吃完。强迫孩子进食会破坏其对饱饿信号的自我感知，增加肥胖和厌食的风险。

不要因拒食而用零食替代。否则可能会强化孩子的挑食行为。

不盲目补充营养剂。挑食≠缺锌，除非经医生诊断缺乏微量元素，否则盲目补充可能有害健康。

婴幼儿挑食、厌食是孩子成长过程中的常见现象，只要家长付出足够的耐心和给予理解，并通过科学引导、环境优化和长期的习惯培养，大多数孩子都会逐渐形成健康的饮食习惯。

第五章

社交退缩：对人际交往的回避

“社交”，就是社会交往的意思。

大千世界，有恨不得拒人于千里之外的“社恐”，就有和谁都“自来熟”的“社牛”。

“社恐”与“社牛”可以算作社交行为中的两种极端表现。

从某种角度来讲，婴幼儿时期的社交发展不仅是孩子早期成长的重要组成部分，更对其未来的心理健康、社会适应能力具有深远影响。也就是说，早在婴幼儿时期，孩子成长过程中自然而然散发出的独特气质和身处的“境遇”已经为其日后的良好状态打下了基础。

既然社交的发展是一个循序渐进的过程，每个阶段必然有其独特的表现和发展重点，那么想让宝宝的人生一路坦途，不妨从当下开始关注他的社交状况。

一切都要从娃娃抓起哟！

一、社交·正常进程

社交是指在一定的心理活动下，人与人之间相互往来，进行精神上的交流。成长中的宝宝在不同阶段，也会呈现出不同的社交特点。

新生儿期：宝宝已有与成人交往的能力，如妈妈的声音、触摸可引起其注视、听、笑；哭是引起成人反应的主要方式，可自发微笑。

3月龄：可被逗笑。

4～6月龄：喜欢对人笑，开始依恋亲人；6月龄可初现“认生”表现，对熟悉的人表现出偏好，对陌生人产生警惕。

7～9月龄：对新环境和陌生人表现出恐惧，对依恋对象的离开表现出焦虑。

10～12月龄：学会一些礼节动作，11月龄开始懂得拒绝，有最初的约束行为。

1 岁：能听懂自己的名字，会用挥手表示“再见”或用拍手表示“欢迎”，喜欢玩藏猫猫的游戏。

1 岁半：可以听懂简单的指令，吃完饭知道把空碗给成人拿去洗，模仿成人做家务，如擦桌子、扫地等。

2 岁：能用语言表达自己的感受，喜欢听故事、看图画书，游戏结束时能帮忙放好玩具。

3 岁：学习遵循游戏规则，发脾气减少；能和小朋友一起玩简单的游戏，如扮演“家长”，学妈妈做家务等。

二、社交 · 异常信号

婴幼儿的社交退缩可能是发育过程中的暂时现象，也可能是出现潜在问题的信号，家长需仔细观察，如果宝宝——

3 月龄：不注视人脸，不追视移动的人或物品，引逗时不发音或不会笑；

6 月龄：发音少，不会笑出声；

8 月龄：不能区分生人和熟人；

1 岁时：不会挥手表示“再见”或拍手表示“欢迎”，在没有听力问题的前提下对呼唤名字没有反应；

1 岁半：不具备有意识地叫爸爸、妈妈的能力，不会按要求指人或物，与人无目光对视；

2 岁：无法按吩咐做简单事情；

2 岁半：表现得兴趣单一、刻板，不会示意大小便；

3 岁：不能说出自己的名字，不能与其他小朋友交流、做游戏……

注意，到了对应的年纪，宝宝出现上述情况，则可能存在社交交往的问题，请及时咨询医生。

三、社交·退缩

1 基本定义

社交退缩是指婴幼儿在人际互动中表现出持续的回避、冷漠或过度紧张，具体表现如下：

对他人（包括家人）的眼神、语言、肢体接触等互动方式缺乏兴趣或抗拒。

在社交场景中表现淡漠，极少通过表情、声音或动作回应他人。

面对陌生人或新环境时，出现异常强烈的哭闹或躲藏行为。

2 常见表现

（1）早期表现（0～12月龄）

回避目光接触：喂奶或玩耍时极少注视人的眼睛。

对呼唤无反应：不转头寻找声源或回应自己的名字，对逗弄缺少兴趣和反应。

缺少社交互动：缺少社交性微笑，不观察和模仿他人的简单动作。

拒绝身体接触：没有期待被抱起的姿势或被抱起时身体僵硬，不愿与人贴近。

（2）1～3岁儿童的典型表现

语言与互动异常。

语言发育迟缓，不会模仿简单词汇。

回避目光接触，呼之常常不理人。

不会通过目光和声音引起他人对其所指事物的注意，极少用肢体语言（如指物、挥手）表达需求。

（3）游戏行为异常

对交朋友不感兴趣，交往方式和技巧也存在问题，喜欢独自玩耍。

只重复固定玩法（如反复排列积木），拒绝参与合作游戏。

常常不会玩想象性游戏和角色扮演性游戏。

（4）情绪反应极端

在社交场合突然尖叫、躲藏或自我刺激（如摇晃身体）。

3 可能原因

（1）生理因素

孤独症谱系障碍：核心症状包括社交交往障碍和刻板行为，需通过专业评估确诊。

听力或语言障碍：因接收或表达信息困难，导致婴幼儿回避社交互动。

高敏感气质：部分孩子天生对声音、触觉等刺激过度敏感，易因环境压力而退缩。

（2）环境与心理因素

家庭互动缺失：主要照顾者长期对婴幼儿的情感需求不回应，导致婴幼儿对人际联结失去期待。

创伤经历：如频繁更换抚养人、暴力对待等，引发社交恐惧。

过度保护：限制孩子接触外界，使其缺乏探索和练习社交的机会。

独角兽时间

关于社交退缩的干预策略

★ 专业干预——

行为分析疗法（ABA）、结构化教学：对孤独症谱系障碍儿童进行社交技能训练。

语言治疗、感统训练：针对言语障碍儿童提供语言治疗；针对感觉处理异常儿童提供感统训练。

家庭心理辅导：通过辅导改善亲子互动模式。

★ 家庭干预——

☼ 陪养安全感

建立稳定的依恋关系：固定 1～2 名主要照顾者，避免频繁更换抚养人。

及时的情绪回应：通过轻柔抚摸、微笑和

夸张的表情传递接纳信号。

压力的缓冲：嘈杂环境中或陌生人多时，允许孩子躲进“安全角落”（如小帐篷）。

☼ 阶梯式“脱敏”训练

第一步：通过绘本、动画展示社交场景。

第二步：邀请1名温和的同伴到家，从平行游戏（各玩各的）开始。

第三步：参与小规模集体活动（如早教亲子课），每次不超过30分钟。

正向强化：当孩子尝试互动时，立刻给予奖励（如拥抱、给喜欢的零食）。

☼ 游戏引导法

共同游戏疗法：成人跟随儿童的兴趣，在游戏中嵌入社交目标（如合作搭积木时引导分享行为）。

音乐与律动：通过合唱、节奏游戏促进非语言互动和情绪同步。

【第二部分】

心·雨霾风障

学龄前期发育异常

第六章 注意力缺陷：注意缺陷多动障碍（ADHD）的早期迹象

3～6 岁的孩子正处于运动、认知、情绪能力的快速发展时期。毫不夸张地讲，这一阶段也是孩子社会化和人格发展的初始期。

处于学龄前期的孩子似乎进入了“小超人”模式——

动作发育趋于成熟；

行为控制能力大大增强；

注意力增强；

想象力更加丰富；

能进行更多的运动；

掌握了基本的语言能力；

高级情绪也更加丰富，并掌握了一些基本的学习技能……

然而，总有一些不和谐的现象会令人不安，比如，这一阶段有一种常见的异常发育问题——大名鼎鼎的“多动症”，又称注意缺陷多动障碍（ADHD）。

一、注意缺陷多动障碍（ADHD）

在过去的很长一段时间里，人们对 ADHD 有一些误解——有的人认为只要孩子“好动”就是得了“多动症”，还有的人认为“多动症”是行为问题，下功夫管一管就好了。

那么我们该如何认识注意缺陷多动障碍呢？

1 什么是注意缺陷多动障碍

这是一种神经发育障碍性疾病，主要表现为患儿与年龄不相称的注意力分散、不分场合的过度活动和情绪冲动，并伴有

学习困难。

2 注意缺陷多动障碍少见吗

早在 1945 年，国外医学界就把儿童的活动过度作为病态来描述。

目前，注意缺陷多动障碍患病率为 6%～9%，男女比例为 9 ∶ 1。

我国约有 2300 万 ADHD 患儿，然而就诊率只有 10%，治疗的依从性也很低。因此，提升对这种疾病的认识及早期识别能力迫在眉睫。

3 哪些因素与其发生相关

这需要从生物学和社会心理学因素进行探讨。

（1）生物学因素——遗传／环境／大脑发育异常

遗传因素。研究表明，ADHD 患儿的生物学亲属中心理障碍的发生率显著高于非 ADHD 患儿的亲属，特别是抑郁、酒精滥用、品行问题、反社会行为和多动症状，这些研究结果提示 ADHD 可能与遗传有关。

环境因素。母亲孕期吸烟和饮酒，可能导致儿童大脑尾状核和额叶区域发育异常，进而增加儿童注意力不集中和多动的风险。儿童体内血铅水平较高可能与注意力不集中和多动症状相关。

大脑发育异常。ADHD人群中存在大脑特定化学物质的改变，如去甲肾上腺素、多巴胺功能不足，以及5-羟色胺功能过高或不足，同时大脑区域活动降低、发育不成熟、体积萎缩。

（2）社会心理因素——心理行为/家庭环境/学校/社会

心理行为因素。心理行为指的是个性，个性是个体特定的行为方式和风格，与行为紧密相关。ADHD患儿往往情绪不稳定、易激动、行为冲动、自控力差，甚至表现出攻击性等外倾行为。

家庭环境。家庭环境与儿童行为紧密相关，如家庭关系严重不和、父母教养方式不当、父母社会经济地位低下，均会导致儿童与家庭的亲密度降低、缺乏安全感、情绪不稳定。

学校因素。学校环境中缺乏安全感、教师处理问题不当，会严重影响儿童的行为和情绪发展。

社会因素。社会发展、生活工作节奏加快、脑力劳动强度增加等，都可能增加儿童的社会心理压力，从而导致其行为异常，成为ADHD的潜在风险因素。

独角兽时间

出镜小朋友：小聪

性别：男

年龄：6 岁

因注意力不集中前来就诊。

询问病史：双亲均有吸烟史，母亲孕期并未戒烟，孕期各项检查正常。第一胎第一产，出生体重3600克，Apgar评分10分，发育正常，平素活泼好动。3岁半入园，入园体检合格。入园3年，老师时常反映孩子在园期间活泼好动，注意力不集中，与小朋友玩时好动手，容易发脾气。家长认为是自己管教的问题，孩子大点就会好。6岁入学，自入学开始，老师天天找家长反映孩子在校情况——上课注意力不集中，小动作多，下课跑闹，无法遵守学校规章制度，要求家长陪读。

诊断：注意缺陷多动障碍。

二、婴幼儿发育过程 & ADHD 相关的危险因素

尽管 ADHD 病因和发病机制尚不明确，但众多的证据提示，ADHD 是一种神经发育障碍性疾病。既然是发育障碍性疾病，那我们就要关注儿童的整个发育过程，找到可循迹象。

1 倘若婴幼儿时期——

孩子出生时头围小、羊水污染，出生后有神经系统受损的体征、呼吸问题、体重低等情况，婴儿期身体健康状态欠佳、运动协调能力发育缓慢，其童年期患 ADHD 的风险较高。

此外，过度活泼，关注外界事物或玩玩具的时间短暂，不能一直追踪视野范围内的物体或对外界刺激有强烈反应的婴幼儿，患上 ADHD 的风险比较高。虽然 ADHD 的症状不可能在婴幼儿时期充分发展，但有些心理学家认为这恰恰是 ADHD 的早期症状。

2 如果学龄前期——

孩子注意力不集中，易怒或存在经常发脾气等情绪问题，罹患 ADHD 的风险较高。此外，性情消极、尖刻、易激惹的儿童患 ADHD 的风险也比较高。

早期形成的持续存在的人格特征被称为性情/气质，包括活动水平、对刺激的反应、情绪特点、适应能力、睡眠一觉醒周期和排泄规律，这些特征在婴幼儿时期、学龄前期都需要重点关注。

而过度活动、反应增强、注意力不集中、情绪消极、适应能力差都是孩子童年后期罹患 ADHD 的高风险因素。

第七章 学习障碍：阅读、写作或算数困难

“学”字，最早见于甲骨文，本义为“对孩子进行启蒙教育使之觉悟”。“习”字，本义是“练习、学习”，又表示“反复学习而熟悉”。“学习”，是指通过阅读、听讲、理解、思考、研究、实践等途径获得知识的过程。

小猫会向妈妈学习如何洗脸、捕鼠。小鸟会向妈妈学习怎样振翅飞翔。小朋友则跟着爸爸妈妈在生活中学习自立、自尊、自强，在学校里通过老师的教导掌握知识和文化，并和身边的小朋友一起快乐地成长。

但是总有一些小朋友会遇到小麻烦，比如“学习障碍”。

一、和学习障碍有关的 4 句话

1 第一句话——历史悠久

您知道吗？关于学习障碍的记载，最早可追溯到 19 世纪。

2 第二句话——早就认识

对于学习障碍，儿科学和精神医学界很早就有所认识。

3 第三句话——阅读障碍

关于它的医学研究历时一个多世纪，最初的研究重点是儿童阅读障碍。

4 第四句话——存在争议

至今关于学习障碍的概念和界定仍存在争议，教育心理学和医学对其界定有所不同。无论如何，学习障碍是最常见的童年期功能障碍，对儿童健康和职业成就产生长期影响。

二、关于学习障碍的 4 个秘密

1 第一个秘密——属于神经发育性障碍

严格意义上的学习障碍又被称为特定学习技能发育障碍，属于儿童神经发育性障碍的范畴。

2 第二个秘密——学习技能的特殊性困难

学习障碍主要表现为在掌握一种或一种以上学习技能如阅读、书写、计算、推理、交流等方面表现出特殊性困难，这些困难并非由感知觉障碍或教育不力所导致，后期容易合并情绪问题和社会适应困难。

3 第三个秘密——从学龄前期到入学继发

多出现于学龄前。患有学习障碍的儿童在幼儿期就会出现正常技能获得障碍。入学后继发特殊性学习障碍，如阅读障碍、数学学习障碍和书写障碍。

4 第四个秘密——各种背景差异化明显

在不同语言和文化背景下差别很大，据统计，学龄期儿童罹患学习障碍的概率为5%～15%；成人的患病率尚不清楚，估计为4%；男女患病率存在差异，男女比例为（2～3）：1。

三、学习障碍的发病3大因素

学习障碍是个隐性疾病，一般要到患儿入学前后才会被家长发现、重视。

与注意缺陷多动障碍一样，学习障碍也是一种有生物学起源的神经发育障碍性疾病。而神经发育性疾病的病因都比较复杂，彼此相互作用。

1 第一个因素——遗传

遗传因素，顾名思义，与遗传有关。

研究表明，学习障碍有家族聚集性，特别会影响阅读、拼写和数学学习。有阅读障碍和数学学习障碍患者的一级亲属的患病率分别是正常儿童一级亲属的4～8倍和5～10倍。

因此，如果父母本身在学龄期出现过学习问题，就要关注孩子在学龄期是否也会出现同样的问题。

2 第二个因素——环境

环境因素体现在儿童生态系统发育的各个层面，文化、社会阶层、学校教育出现问题都可能导致儿童学习障碍。

此外，遗传和环境因素会互相影响，当二者同时存在时，孩子更容易出现学习障碍。

3 第三个因素——生物学背景

学习障碍有潜在的生物学背景，其病因还可能与出生缺陷、神经发育落后、语言发育迟缓等有关。

研究表明，学习障碍患儿存在不同程度的出生缺陷和“创伤性体验”等问题，如母亲孕期感染、胎儿营养不良、母亲物质依赖、胎儿脐带绕颈、宫内窘迫、早产、低出生体重、产伤、母亲养育排斥（产后抑郁）、亲子依恋不足、虐待、寄养等。

四、学习障碍的表现

当今社会，知识更新迅速，对孩子的要求也越来越高。与此同时，世界各国儿童学习障碍的患病率均有增高的趋势。

学习障碍病因复杂，其表现形式多样，通常会产生广泛的功能损害，不仅影响儿童的学习和沟通交流，而且影响其家庭关系和生活质量，有些可持续至成年期，因此及早发现、及早治疗至关重要。

1 学龄前

如果孩子——

自幼好动、易哭闹，对外界刺激敏感并伴有过激反应；

存在建立母子情感关系困难和养育困难等情况；

说话迟、发音不准，伴有啃咬指甲、攻击或退缩、伙伴交往不良、语言理解和表达欠缺等；

存在认知偏移，如视觉认知不良、协调运动困难、精细动作笨拙、沟通和书写困难等。

请务必及时咨询专业医生或及时就医。

2 学龄期

如果孩子——

语言理解和语言表达能力较弱：词汇量少，构音或辅音发音困难；

总是“充耳不闻”，不大理会爸爸妈妈或老师的话；

说话迟，言语理解尚可但语言表达困难；可模仿说出单音，但无法模仿说出词组，有类似口吃的表现；

阅读障碍，听理解能力差、听或视知觉速度过慢、察觉符号困难、无法注意语句的关键字或段落、无法理解书写文字的意思；

持笔困难、字迹潦草、错别字多；

排斥读写，阅读时漏字或加字，不愿写字；

存在手触觉辨别困难，精细协调动作困难，顺序和左右认知障碍；

存在书写障碍，如符号镜像颠倒，把“p”视为“q”，“b”视为“d”；

存在计算障碍，如计算时忘记进位，竖式计算排位错误，数字顺序颠倒；

空间知觉不良：视觉信号无法传入运动系统，从而使患儿空间知觉不良，方位确认困难；

社会认知和人际交往困难：包括对新情境适应困难、非言语性符号辨认困难，在人际关系和沟通方面理解困难，不会察言观色等；

其他伴随异常：伴有多动、注意力集中困难、情绪问题、自我评价低、不愿上学、拒绝做作业、焦虑或强迫行为（如啃咬指甲、拔头发或眉毛）。

请务必及时咨询专业医生或就医。

独角兽时间

出镜小朋友：小豆子

性别：男

年龄：5 岁

因学习拼音困难来就诊。

询问病史：其母亲孕期发育正常，顺产，出生后评分 10 分。3 岁入园，智力、社交正常。大班开始背诵古诗，学习拼音和简单运算等。老师、家长发现，小聪可以跟读、背诗、计算，但是学习拼音非常困难，无法区分声母、韵母，且存在字母识别困难情况，“b”和“d”“p”和“q”等情况。

诊断：学习障碍。

其实，生活中不乏像小豆子一样的小朋友。

他们往往在出生后各项功能发育正常，但自开始学习后，就会出现各种各样的小“bug”，虽然出现的问题各不相同，但都会显著地影响学业。

这些儿童智力发育基本正常，但是在阅读、写作、算数方面表现出异常困难。这类发育异常的表现，相信现在大家都已经知道了它的名字——学习障碍。

学习障碍对孩子的影响可以持续终身。它会导致孩子的学业成绩差、心理应激较多、心理健康水平较低、自信心下降、人际关系较差、高失业率和低收入等。也就是说，学习障碍不仅对儿童的学习和生活质量造成诸多负面影响，而且会对其家庭及职业走向产生深远影响。

所以，我们不仅不应该取笑、批评患有学习障碍的小朋友，而且要给予他们更多的理解和关爱。他不是不认真、不努力，他只是需要更多的帮助，需要更多的时间而已。

儿童的成长本就没有一帆风顺的，遇到问题，解决问题才是根本。

第八章

孤独症谱系障碍：社交与沟通障碍

在熙熙攘攘的人群中有这样一群孩子，他们非常内向、畏缩，就像浩瀚银河中独自闪烁的星星，微弱而静谧，让人心疼。

“咱家孩子哪儿哪儿都好，就是太内向了！”

“这娃咋教的，怎么连句好听的话都不会说？”

“贵人语迟，这孩子别看沉默寡言的，一准儿是个天才！”

“因为工作忽略了孩子，所以他不愿意和我说话……”

长久以来人们对这些“来自星星”的孩子充满了误解——

“孩子不是不愿与人沟通，只是性格内向。”（×）

“孩子不爱说话，长大就好了。”（×）

“孤独症是‘天才病’，只是不善于社交。”（×）

“孩子没有病，只是家长陪伴的时间太少了，多陪陪他就好了。”（×）

然而，聪明的你肯定猜到了，事情的真相是——这些孩子是罹患孤独症（谱系障碍）的儿童。

一、历史 & 定义，什么才是孤独症谱系障碍

1 历史

要消除误解，了解孤独症，我们首先要了解孤独症的历史。

“孤独症（autism）”的名称是从希腊语“autos”（意思是“自我”）中派生出来的。在过去的一百多年里，医学界对孤独症及相关障碍的认识发生了巨大变化，

也慢慢揭开了孤独症及相关障碍的神秘面纱。

2013 年医学界提出将孤独症及相关障碍统称为孤独症谱系障碍（autism spectrum disorder，ASD）。

2 定义

孤独症谱系障碍是一组以社会交往障碍、言语和非言语交流障碍、狭隘兴趣与刻板行为为主要特征的发育障碍性疾病。

其中包括孤独症、阿斯伯格综合征、未分类的广泛性发育障碍。

孤独症谱系障碍（ASD）是一种神经发育障碍性疾病。

二、假说 & 真相，孤独症谱系障碍发病因素

1 假说

在相当长的一段时间里，“孤独症谱系障碍儿童系由其父母在情感方面的冷漠和教养过分形式化造成的”这一病因学说较为盛行，这不仅对爸爸妈妈的伤害甚大，而且已经被证实并不正确。事实上，孤独症谱系障碍与父母的教养方式无关。

尽管病因不明确，但是多数学者认为孤独症谱系障碍是具有生物学基础的神经发育性障碍，遗传因素是其主要病因。另外，在胎儿大脑发育关键期接触的环境因

素也会导致其发病的可能性增加。

2 真相

（1）遗传因素

孤独症谱系障碍具有家族聚集性，遗传因素扮演着重要角色。

基因突变、染色体异常等遗传因素可能导致孤独症谱系障碍的发生。双生子和家系研究表明，同卵双生子孤独症谱系障碍共患病率高达77%，而异卵双生子共患病率不到31%，同胞共患可能性为7%～20%。如果一个家庭已有两个孤独症谱系障碍患者，则其同胞再患病率会进一步升高。

（2）环境因素

环境因素在孤独症谱系障碍的病因中占有一席之地。

妈妈怀孕时的年龄；孕期是否有慢性疾病，如高血压、糖尿病、自身免疫性疾病等；孕期是否服用抗抑郁药，接触有害物质，如农药、重金属等，这些都是影响其患病率的因素。此外，孩子出生时的并发症，如早产、低体重等，也可能与孤独症谱系障碍的发生有关。

（3）神经生物学因素

孤独症谱系障碍患者的大脑结构和功能存在异常。

孤独症谱系障碍患者的边缘系统、脑干和小脑，以及相关皮层存在结构和代谢方面的异常。神经生物学研究表明，孤独症谱系障碍可能与大脑某些区域的发育异常、神经递质失衡等有关。

（4）神经心理因素

持久的社会交往障碍，局限、重复和刻板的行为模式，是孤独症谱系障碍患儿的典型特征。

有孤独症谱系障碍的儿童心理发育迟缓，导致他们对别人的行为常感到困惑和缺乏预见性，甚至惊慌失措，进而出现社交障碍。中枢协调缺陷和执行功能异常使孤独症谱系障碍患者存在被动或者消极地加工局部和细节信息的情况，导致出现刻板行为和某种特殊能力。

（5）免疫因素

近年来，研究发现，免疫因素可能与孤独症谱系障碍的发生有关。

孤独症谱系障碍患者相对于正常人群更容易患胃肠道功能紊乱，并且胃肠道功能紊乱还会加重孤独症谱系障碍患者行为方面的症状。相对于正常人群，孤独症谱系障碍患者的肠道菌群结构有所改变。肠道菌群与免疫系统相互作用，进一步导致孤独症谱系障碍患者的免疫系统异常，出现自身免疫反应、炎症反应等情况，并可能对大脑发育产生不良影响。

三、识别 & 特征，拯救孤独症谱系障碍患儿

1 早期识别——重要

随着发病率的上升，孤独症谱系障碍逐渐被大众熟知，社会对该疾病的关注度也越来越高。

ASD 的干预目标是最大限度地改善患者的功能独立性和生活质量，并通过支持患者获得学习、社交和认知技能，以及管理同时存在的任何身心健康问题，来尽量减轻患者的苦恼，因此早识别至关重要。

2 “五不（少）”行为——特征

为了能够更好地在早期识别孤独症谱系障碍，专家把孤独症谱系障碍的早期异常行为概括为“五不（少）”行为——不（少）看、不（少）应、不（少）指、不（少）语、不当。

3 发病年龄——关键

ASD 起病于婴幼儿期。患儿在 12 月龄之后在视觉追踪、社会定向、眼神交流和模仿能力等方面出现诸多异常，18 ～ 24 月龄间异常越发突出。

部分患儿在出生后的一段时间内发育正常，在 1 岁半至 2 岁半之间开始出现语言和（或）社交技能的倒退。

4 三大症状——核心

（1）社会交往障碍

婴儿期。孩子回避目光接触，对他人的呼唤及逗弄缺少兴趣和反应，没有期待被抱起。

幼儿期。孩子仍回避目光接触，呼之常常不理，对主要抚养者常不产生依恋，对陌生人缺少应有的恐惧，缺乏与同龄儿童交往和玩耍的兴趣，交往方式和技巧也存在问题。

学龄期。随着年龄的增长和病情的改善，孩子仍缺乏与他人主动交往的兴趣和行为。虽然部分患儿愿意与人交往，但交往方式和技巧依然存在问题。他们常常自娱自乐，独来独往，我行我素，不能遵循一般的社会规则。

成年期。患者仍然缺乏社会交往的兴趣和技能，虽然部分患者渴望结交朋友，但较难建立友谊、恋爱关系和婚姻关系。

（2）言语交流（语用）障碍

非语言交流功能障碍。患者很少使用体态语言和面部表情进行交流，如不使用点头、摇头、摆手等动作来表达自己的意愿。

语言发育迟缓或不发育。大部分患儿语言发育迟缓，甚至不发育。少数患儿在 2 岁前有语言表达，发病后语言逐渐减少或消失。

语言内容及形式的异常。患儿不会恰当地运用语言进行交流，常“鹦鹉学舌”、自言自语、哼哼唧唧，自得其乐。患儿一般不会主动与人交谈，难以提出或维持话题，往往是自顾自地讲话。其语气、语调和语速也存在异常，缺乏抑扬顿挫的感情色彩。

（3）兴趣狭窄或异常，有刻板动作及强迫重复性行为

兴趣狭窄或异常。患儿对一般儿童玩具和游戏不感兴趣，而专注于一些重复性的事物，如圆形的可以旋转的物体等。他会依恋某些无生命的物体，如小棍子、瓶盖等，整天拿在手上，如果强行拿开则烦躁不安。有些高功能的患儿会对数字、文字、天文、地理或绘画等表现出特殊的兴趣和才能。

刻板动作。患儿常反复扑翼样振动手臂、旋转、蹦跳，将手置于眼前，长时间凝视。

强迫重复性行为。患儿存在固定的仪式行为，拒绝改变自己的生活习惯和环境，如走固定的路线，东西摆放在固定的位置，不愿意吃新的食物、换新的衣服等，

不得已改变时往往会表现出焦虑不安。

独角兽时间

出镜小朋友： 小米

性别： 男

年龄： 2 岁 8 个月

因不会说话来就诊。

询问病史： 母亲孕期正常，顺产，出生后评分 10 分。快 1 岁前发育正常，10 月龄开始有语言萌发，1 岁左右可以喊“爸爸”“妈妈”等叠词，到 1 岁半左右，语言不再发育，甚至出现语言倒退；呼名不应，跟他说话时没有眼神交流，对家长的指令，感兴趣的可以执行，不感兴趣的置之不理；情绪波动大，容易哭闹，不愿意与小朋友玩；喜欢看动画片；挑食；对陌生的环境反应强烈。

诊断： 孤独症谱系障碍。

迄今为止，孤独症谱系障碍仍然是一种行为综合征，尚不能找到确切的病因。

请爸爸妈妈一定要理解孤独症谱系障碍患儿并非故意“不理人”或“不听话”，他们只是在以不同的方式感知和体验世界。

让我们共同点亮一盏盏温暖的灯，照亮他们前行的道路，让来自星星的孩子不再感到孤单……

第九章

焦虑情绪：分离焦虑、广泛性焦虑

如果您的宝贝——

不知为何经常烦躁不安、哭闹不止；

从倒头便睡转变为不肯好好睡觉；

食欲下降，不再“吃嘛嘛香”；

不再阳光、自信，变得胆小、“黏人”；

总是表达或感觉身体不适，拒绝上幼儿园……

爸爸妈妈可要警惕了，您的孩子可能出现了焦虑情绪。

与成人的焦虑不同，孩子的焦虑往往披着令人困惑的外衣，表现五花八门，比如：频繁哭闹，说肚子疼、头疼，抗拒上学，频繁尿床，甚至突然“演技爆发”。

一、揭开儿童焦虑症的面纱

1 定义

儿童焦虑症是在儿童时期无明显诱因下发生的发作性紧张、莫名恐惧与不安，常伴有自主神经系统功能的异常。这是一种较为常见的儿童情绪障碍。

2 溯源

儿童的焦虑情绪就像是种子，一旦种下，就会生根发芽，影响孩子的整个成长期，甚至影响到成年。那焦虑的种子又是怎么种下的呢？

（1）心理 & 社会

儿童的生活虽较成人单纯，但在家庭和学校等环境中，也会遇到各种心理社会方面的应激因素。他们身处矛盾却无力解决时，就会产生情绪波动，进而引发情绪疾病。

（2）基因 & 遗传

爸爸妈妈（甚至再上一代或几代）将基因传给子代，子代不仅继承了父母的体形外貌，也继承了个性和情绪反应等特征。

（3）生理＆性别

年龄、性别和躯体状况与情绪障碍的发生也有关。年龄大的儿童的发生率较年龄小的高，大年龄组中，女孩较男孩的发生率高。

3 分类

儿童焦虑障碍主要包括分离性焦虑障碍、恐惧性焦虑障碍（特定性恐惧症）、社交性焦虑障碍、广泛性焦虑障碍、惊恐障碍。学龄前儿童比较常出现的是分离性焦虑和广泛性焦虑障碍。

二、分离性焦虑障碍的真相

1 素描

分离性焦虑障碍患儿的模样——

没有主要依恋者（如妈妈、奶奶）的陪伴就不肯睡觉；

与抚养人（如父母）分离时过分发脾气，哭闹不止；

经常做与亲人分离有关的噩梦；

非常想家（被分离时渴望回家或与抚养人联系）；

经常有躯体症状，如腹痛和心悸。

2 对策

发现以上症状，父母不要过度紧张，如果孩子只是偶有一次或者时间不超过 4 周，能够自行缓解，都属于正常现象。但是如果这些情况持续出现或时间超过 4 周，严重影响了孩子和家长的正常生活，那么就要考虑孩子是否罹患分离焦虑。

3 表现

分离焦虑是一种相当常见的焦虑障碍，在年幼儿童中常见（常出现在 6 岁前，但实际上 6 岁以上的儿童也经常出现，并且也可见于成人）。分离焦虑主要表现为儿童与主要抚养人、依恋对象分离或将要分离时，产生与发育水平不符的过度焦虑。

对分离的恐惧是其核心症状。

他总是——

担忧主要抚养人、依恋对象可能受到伤害，或害怕他们会一去不回。

会担心发生不幸事件，如走失、被绑架、住院或被杀。

因为害怕分离而不愿或拒绝外出、入园。

在没有主要抚养人、依恋对象陪伴的情况下不愿或拒绝就寝。

害怕独处。

做与离别有关的噩梦。

与主要抚养人、依恋对象分离，如离家去上学时，反复出现躯体症状（恶心、胃痛、头痛、呕吐等）。

在与主要抚养人、依恋对象分离前、分离中或分离后马上出现过度的情绪反应（表现为焦虑、哭喊、发脾气、痛苦、淡漠）。

三、广泛性焦虑障碍的底色

1 素描

广泛性焦虑障碍患儿的状态——

在同样的环境中，相较于其他儿童过分地担心自己的成绩和能力；

害怕、恐惧或有大祸临头的不祥感觉，担心个人和家庭成员的安全，担心自然灾害和将来要发生的事件；

入睡困难、夜眠不安、易惊醒、多噩梦或有梦魇等；

担心的内容很多，随时变换，且这种担心常持续很久；

经常有呼吸急促、憋气、胸闷、心慌、头晕、头痛、出汗、恶心、呕吐、腹痛、尿频等症状。

2 对策

与分离焦虑一样，如果以上症状只是在特定的条件下偶然出现，或者持续时间不超过 6 个月，自行缓解，都属于正常。

如果上述症状持续或反复出现超过半年，我们就要考虑孩子是否罹患广泛性焦虑障碍。

3 表现

广泛性焦虑障碍表现为持久、过分和不现实的担心，没有特定的对象或情境。

这类患儿往往过分顺从、追求完美、经常自我批评，坚持重复做不重要的事情以达到他们认为的“好”的标准。其典型症状是不能控制对某些事件或活动的过分焦虑和担心。

他们总是——

难以控制担心情绪的产生；

烦躁不安，感到紧张或已到了崩溃边缘（可表现为精神紧张与无法放松）；

因担心或焦虑而感觉疲倦、精疲力竭或易疲劳；

注意力集中困难，或心里“一片空白”；

易激惹；

肌肉紧张；

因担心或焦虑而睡眠紊乱（入睡困难或时睡时醒、睡眠不解乏或睡不够）。

独角兽时间

出镜小朋友： 小美

性别： 女

年龄： 4岁

因近期不能与妈妈分开，分开后哭闹不止，食欲下降前来就诊。

询问病史： 母亲孕期发育正常，顺产，出生后评分10分。小美3岁入幼儿园，智力、社交正常。1个月前因流感在家休息2周，由母亲全天照顾，恢复后母亲上班，由奶奶照顾，但自母亲上班后，小美就一直找妈妈，哭闹、不停地给妈妈打电话，一上午拨打电话20余次，严重影响母亲工作。如果母亲不接电话，小美就哭闹不止，难以安抚。母亲下班回来，小美会不停地问“妈妈还上班吗”。近期食欲差，入睡困难。

诊断： 分离性焦虑。

焦虑就像快乐一样，其本身也只不过是一种情绪，并不是需要消灭的敌人，而是心理免疫系统的一种演练。就像接种疫苗会产生抗体，适度的焦虑反倒能培养孩子的心理韧性。

可见所有因素都要予以综合考虑。一方面儿童焦虑症是一个需要引起全社会关注的问题；另一方面分离焦虑和广泛性焦虑的预后良好，其症状往往随着年龄的增长而减轻或消失。

面对这些问题，我们要正确认识并有效应对，这样才能帮助孩子健康成长，拥有无忧的童年。

第十章

过度依赖：独立性培养的挑战

“妈妈，你在哪儿呢？”

“爸爸别走，陪我玩会儿嘛！”

“奶奶，奶奶，我饿啦，我要吃饭，你喂我吃饭！”

“爷爷，我害怕，我不要自己上厕所……”

您的孩子是否也经常这样？

做任何事都需要有人陪着，需要有人帮助，不敢独自尝试新事物。

孩子发现世界、感知世界、探索世界都是漫长的过程，需要家人的引导和协助。随着孩子的成长，他会慢慢学会本领，逐渐变得自强、自立，能够独立处理事情，面对新的挑战。

倘若原本可以独立完成的事情，孩子却“一定”要大人帮助完成，那家长就要注意了，他可能出现了“过度依赖”的情况。

一、什么是“过度依赖”

1 定义

过度依赖是指儿童在情感或行为上过度依赖父母或主要照顾者，无法独立处理问题和应对压力，缺乏独立性和自信心。

虽然依赖是儿童成长过程中的正常现象，但过度依赖可能会影响孩子的社交能力、学习能力和心理健康。

2 表现

（1）情感依赖

患儿会在情感上过度依赖父母或主要照顾者，将自己的快乐和安全感完全寄托在他人身上，分离时会表现出强烈的焦虑和不安，害怕被抛弃。

（2）行为依赖

患儿过度依赖父母或主要照顾者，做什么事都要大人陪着，不敢独自尝试新事物，遇到困难就退缩。

（3）生活依赖

患儿生活自理能力差，穿衣、吃饭、洗漱等都需要父母帮忙。进入幼儿园，他很难跟上其他小朋友的进度，总需要老师帮忙，常常表现为“不知所措”。

（4）社交依赖

患儿社交时害怕与陌生人接触，来到陌生场所会感到害怕，没有照顾者的陪伴不敢参与社交活动。

3 原因

（1）家庭因素——造成过度依赖的罪魁祸首

溺爱、家庭关系紧张、缺乏鼓励是引发过度依赖的三大原因。

随着社会的发展及生活水平的提高，很多父母过度重视孩子的成长，在生活中溺爱和保护孩子，让他养成了“衣来伸手，饭来张口”的习惯。孩子身边时刻都有人陪着，这剥夺了孩子独立解决问题的机会，导致其习惯依赖他人，社会能力下降。

如果父母总是吵架，孩子会认为环境不安定，从而缺乏安全感。

如果家长在生活中很少鼓励孩子去尝试新的事物或

独立完成事情，只是一味批评和指责，会导致孩子缺乏自信，没有办法独立完成任务。

（2）性格因素——内心深处不安的折射表达

每个孩子的性格、气质类型都不同。

有的孩子天生敏感、胆小，缺乏自信，他往往把主要照顾者作为“安全基地”，有“基地”在才敢探索周围环境，一旦离开“基地”的范围，就会表现出不安，无法做任何事情。

（3）社会环境——外部生活缺陷的刻板反馈

生活环境单一，缺乏与同龄人交往的机会，也是孩子出现过度依赖的因素。

随着网络时代的来临，人们的社交活动慢慢转移到网络上，无论成人还是孩子都缺乏现实中的群体活动，缺乏伙伴关系，这也会导致孩子过分依赖照顾者。

4 影响

（1）对自身——

独立性差。过度依赖的儿童往往缺乏独立性，难以适应幼儿园的集体生活。

自信心不足。由于缺乏独立解决问题的经验，孩子自我认知有问题，自觉没有能力独自完成任务，导致自信心不足。

情感脆弱。过度依赖的儿童在面对挫折和困难时，更容易感到焦虑和沮丧，情感调节能力较差。

社交困难。过度依赖的儿童在面对社交时，会出现退缩、焦虑、紧张、不安等情绪，无法正常社交。

（2）对家庭——

家长压力增大。过度依赖的儿童需要家长投入更多的时间和精力，这导致家长无法正常工作和生活。

家庭关系紧张。家长疲于应付孩子的依赖行为，情绪容易不稳定，这可能会导致家庭关系紧张。

（3）对未来职业发展——

独立性强是一个人取得成功的重要因素之一，过度依赖的儿童在未来职业发展中可能会面临更多挑战。

二、如何摆脱“过度依赖”

培养独立性。我们应鼓励孩子独立完成力所能及的事情，如穿衣、整理玩具等，逐步培养孩子的独立性。

适度放手。我们要学会适度放手，给孩子提供探索和尝试的机会，即使他们可能会犯错。

积极鼓励。我们应多给予孩子积极的鼓励和肯定，增强他们的自信心。

爱和安全感。我们要给予孩子足够的爱和安全感，创造稳定的生活环境，让孩子感受到父母无条件的爱和支持，建立安全型依恋关系。

树立榜样。父母要以身作则，表现得独立自主，为孩子树立良好的榜样。

积极社交。我们应积极地带孩子参加户外活动、兴趣班等，让孩子在与同龄人的交往中学习社交技能，增强自信心。

心理咨询。对于有过度依赖问题的孩子，家长可以寻求专业心理咨询师的帮助，进行有针对性的干预。

独角兽时间

出镜小朋友：小宝

性别：男

年龄：4 岁

因入园困难来院咨询。

询问病史：小宝从小由祖父母带大。祖父母溺爱他，几乎包办了他所有的生活事务。进入幼儿园后，小宝表现出明显的依赖性——入园困难，每次入园都哭闹不止；入园后，无法独立吃饭，时常尿裤子，拒绝参与老师组织的各项活动，也不跟小朋友玩，一直哭闹着要回家。

诊断：考虑为过度依赖。

通过老师的反馈，家长逐渐意识到问题，决定独立抚养小宝，使其脱离溺爱环境，并鼓励其独立完成任务。经过一段时间的努力，小宝的独立性明显增强，逐渐适应了幼儿园生活。

儿童过度依赖是一个复杂的问题，涉及家庭、社会和个人等多个层面的因素。

作为家长，我们应该充分认识到孩子过度依赖的危害，预防其发生要从点滴做起——建立良好的亲子关系，多与其沟通交流；了解孩子的内心世界，尊重他们的个体差异；理解并允许每个孩子都有自己的成长节奏，不要拿自己的孩子与其他孩子进行比较。

除此之外，我们还要营造民主的家庭氛围，鼓励孩子表达自己的想法和意见，参与家庭决策。通过培养他们的独立性，增强其自信心和情绪调节能力。

家长一定比孩子聪明吗？

家长永远不会犯错吗？

答案自然是否定的。

作为家长的我们应牢记，孩子绝不是一天长大的。正所谓“修行不求速成，求速反成障碍”“行事宜求稳妥，坚持必有收获”！

孩子的成长需要时间和耐心，在这个过程中，我们要爱他们，但不可溺爱。

爸爸妈妈是孩子的引路人，要用爱和智慧，帮助他们摆脱过度依赖，健康成长，成为人格健全、对社会有用的人。

【第三部分】

心·风驰云走

学龄期发育异常

第十一章

学业困难：持续的学习障碍与挫败感

“为什么你才考了95分，人家晓妍却能考100分？！”

“我是个资质平庸的孩子，永远比不上爸爸妈妈口中‘别人家’的孩子！”

指责、自责……爸爸妈妈“血压飙升”，孩子也“痛不欲生”。

爸爸妈妈请息怒，也许孩子真的已经尽力了，他只是“生病”了。

进入学龄期，孩子踏上了一段充满未知和挑战的旅程。然而，有些孩子走的道路并不平坦，“学业困难”

就像一座险峻的大山，横亘在孩子前行的道路上，令他们举步维艰——

明明努力盯着黑板，知识却仿佛戴上了神秘的面纱，让我看不清它；

面对作业愁眉苦脸，本子上满是涂写痕迹，完成进度却如蜗牛爬行般缓慢；

平时能顺利完成作业，考试时大脑却一片空白，最终只得到不尽如人意的分数。

这就是面临的困境不尽相同又同样令家长头疼、孩子发愁的“学业困难”。

“学业困难”真的会给孩子的成长带来诸多负面影响，其中影响范围最广的是持续的挫败感。充满挫败感的学龄期儿童往往在准备行动前，已经设想出了许多可能遇到的阻碍，厌学情绪由此悄然而生。学习不再是有趣的探索和求知过程，反而成了让人抵触的“苦差事”；学校不再是知识的乐园，反而成了令人避之不及的伤心之地。

那究竟该怎样做才能远离“学业困难”的困扰呢？

一、关于学业困难的 4 个“没想到”

1 第一个“没想到”——没想到普遍存在

学业困难是小朋友在接受基础教育的过程中普遍存

在的现象。

2 第二个“没想到”——没想到分为两种

在医学上，学业困难的定义有广义和狭义之分。

3 第三个“没想到”——没想到孩子的智力正常

广义的学业困难是指智力正常并有适当学习机会的儿童，出现学习成绩明显落后、学业生活适应不良的问题。

4 第四个“没想到”——没想到是一种发育障碍

狭义的学业困难也称特定学习技能发育障碍（specific learning disorder）或特定学习障碍，是一种具有生物学原因的神经发育障碍，主要包括阅读障碍、书写表达障碍、计算障碍。

二、特定学习障碍的 3 个真相

1 第一个真相——数量惊人

学龄期出现特定学习障碍的儿童比例为 13% ～ 17%，这意味着眼下正有 3000 万的孩子遇到学业困难的问题，其中男童发生学业困难的人数是女童的 2 ～ 3 倍。

2 第二个真相——早有迹象

罹患特定学习障碍的儿童并非在学龄期才出现异常表现，他通常在学龄前已经出现语言方面的认知功能发育迟缓。这些小朋友的语言发育较同龄人晚，可能存在较长时间的吐字不清、发错字音。

3 第三个真相——各种麻烦

患儿在幼儿园不能认识和书写字母，认字困难——简单的字反复学习仍很难记住，命名物体困难，对阅读缺乏兴趣，不喜欢看相应年龄的绘本。在数学学习中不能理解数字的含义，不会比较大小，不理解日期和星期几。此外，患儿的精细运动和协调能力也会比较差，动手能力不强，显得有些笨拙。

三、特定学习障碍的 3 种类型

1 阅读障碍为主要类型

阅读是需要多种认知过程参与的复杂活动，罹患阅读障碍的孩子存在视觉性认知障碍。阅读障碍的发生率占特定学习障碍的 70% 以上。

罹患阅读障碍的孩子可能会有以下表现。

（1）认读缓慢

在字词识别方面用时更久，其他同学一眼认出的词汇，如“apple”“快乐”等，辨认缓慢，影响阅读的流畅性。

（2）认错字词

患儿会混淆字形相似的字或看成颠倒镜像的字，如弄混“未”和“末”“b”和“d”，还有的孩子分不清偏旁部首的位置，如“部”和“陪”。

（3）对词汇、句子理解困难

患儿难以理解多义词在不同语境中的不同含义，词汇量有限。遇到句法结构复杂如包含多层从句时，患儿不能理清各部分的关系。遇到一些省略了部分成分的句子，如“小红迟到了，站在教室门口”，患阅读困难的孩子会分不清“站在教室门口”的究竟是谁。

（4）对文本整体理解困难

读完一篇文章后，患儿不能准确提炼出文章的主要内容和中心思想，例如，读完《丑小鸭》的故事，患儿只记得丑小鸭被同伴排挤等零散的情节，无法理解故事要传递的相信自己和坚持不懈的精神内核。

2 书写障碍——精细运动差

有书写障碍的孩子在书写文字过程中会表现出精细

运动能力差的特点。

书写障碍有以下表现。

（1）握笔姿势不准确，手部动作不协调

患儿书写时手指离笔尖过近或过远，握笔力度过紧或过松，书写时视线受阻，不能灵活运笔。手部精细动作不协调，导致笔画歪歪扭扭。

（2）笔画错误和字形扭曲

患儿书写文字时经常出现增减笔画、颠倒笔顺、把偏旁写得过大、左右比例失调等问题。

3 计算障碍——难掌握规则

在学习数学前，儿童应该具备一些基本技能，如认识数字 1 ～ 10 并明白其含义，会分配物品，能模仿和回忆物品的排列等。

有计算障碍的孩子有以下表现。

（1）基本运算能力不足

罹患计算障碍的孩子可能出现计算速度慢、难以掌握运算规则等情况。

（2）应用运算理解缺陷

遇到函数、分数、负数等抽象概念，患儿不能理解其在实际生活中的意义，难以攻克多种多样的应用题。

四、学业困难的鉴别与治疗

1 3类鉴别——品行障碍/孤独症谱系障碍/精神发育迟滞

特定学习障碍易与其他三种疾病引发的学业困难相混淆。为正确帮助孩子走出学习困境，我们需仔细辨别，针对不同成因分类开展干预和治疗。

（1）品行障碍

孩子学业失败、逃避上学不一定就是特定学习障碍造成的，也可能是品行问题和情绪问题引发的，如逃学只是为其他不良行为（如打架斗殴、盗窃等）制造条件。

（2）孤独症谱系障碍

孤独症谱系障碍患儿学习能力低下首次被发现于婴幼儿期，主要表现为社交能力差、语言表达能力差。有一些孩子会有典型的刻板行为，比如，喜欢转圈圈，重复地做一样的动作，或者喜欢反复观看同一集动画片。

（3）精神发育迟滞

不同于特定学习障碍患儿，有精神发育迟滞的孩子智力测试水平低下，学习成绩不好，这说明智力水平影响了其学习能力。

2 5种治疗——行为/特殊的学习辅导/游戏/结构化教育/感觉统合训练

特定学习障碍的治疗需要建立在详细的评估之上，往往采用综合性的矫治方法。治疗并不由医师直接实施，需要爸爸妈妈、老师和专业训练师多人的参与。

（1）行为治疗

改变导致学业困难的思维和行为模式，消除不良的条件反射，建立新的有助于学习能力提高的条件反射。

（2）特殊的学习辅导

通过实物、图片、动画、感兴趣的故事等，以游戏的方式进行专项练习，加强理解和联想记忆，以背景记忆辅助学习，提高学习能力。

（3）游戏疗法

游戏疗法是一种通过游戏来促进个体心理行为发展的治疗方法，能够加大词汇量、提高语言表达能力和认知能力。可尝试以下游戏。

词汇卡片游戏：使用词汇卡片，玩家找出被“偷走”的词汇。

角色扮演游戏：假想商店，玩家模拟购物场景扮演店员和顾客。

故事接龙游戏：每个玩家轮流续写一句话，共同创造一个故事。

（4）结构化教育训练

有学业困难的儿童缺乏一般小朋友具备的计划统筹等能力，需要寻求专业训练师进行特殊教学。在短期内帮助患儿建立良好的学习习惯和秩序感，长期训练能提高患儿的自主学习能力和学习成绩，减少学业困难带来的负面情绪，增强其自信心。

（5）感觉统合训练

引导孩子进行乒乓球、游泳、滑板等可锻炼手眼协调能力的运动，使孩子统合骨骼肌、关节、皮肤以及前庭系统输入的感觉刺激，控制身体做出适应性反馈以完成动作。这种重复的训练能够使患儿神经系统功能得到提高。

五、调节挫败感的6个“最”

持续的学习障碍会给孩子带来挫败感，让他陷入屡战屡败的恶性循环。

在采取干预和治疗措施的同时，爸爸妈妈还需帮助孩子调节心态和认知，让孩子明白这只是客观存在的事实，并非自己不够聪明或不肯努力。

1 最坚定的关爱——来自爸爸妈妈的心理支持

爸爸妈妈要和孩子建立情感联结，给予充分的支持和理解。

应关注孩子的表现，哪怕只是点点滴滴的进步，也要及时给予赞美和肯定。

每个孩子都有自己的学习节奏和特点，爸爸妈妈要充分尊重这一点，始终强调孩子自身的进步和成长，而不是与他人比较。

2 最深沉的帮助——制订学习策略和学习计划

我们可以协助孩子确定适合自己的、明确的、可行的学习目标，制订详细的学习计划。

学习目标可以分为短期目标和长期目标。将大目标分解为小目标可以让孩子更容易看到自己的进步，增强自信心，并在过程中探索适合自己的学习方法。

3 最适应的环境——营造良好的学习氛围

营造良好的学习氛围能为孩子的学习提供有力的外部保障。

家长可在家中为孩子打造安静整洁的学习空间，保证光线充足，配备舒适的桌椅和齐全的学习用品，让他们在舒适的环境中更专注地学习，减少学习挫败感，提高学习效率和质量。

4 最安心的支撑——减少非正常干扰因素

家长可以通过明确电子产品使用规则、严格执行阻断措施以及丰富替代活动，减少电子产品对孩子的干扰，营造专注的学习环境，使其更好地投入学习，逐步提升学习效果和自律能力。必要时我们可以为孩子设定使用电子产品进行游戏和娱乐的时间段，尽量少让孩子接触电子产品。

5 最有力的坚守——专业医疗机构

学业困难的可能病因和表现多种多样。

如果持续的学业困难给孩子带来了难以承受的心理痛苦，影响了日常的学习生活，建议家长带孩子到医疗机构就诊，寻求专业的帮助。

独角兽时间

出镜小朋友： 聪聪

性别： 男

年龄： 8 岁

自入学以来，偏科严重，语文学习一直较为吃力，语文成绩明显落后于同龄儿童。

询问病史： 老师向家长反映聪聪遵守课堂纪律，学习认真，但语文成绩欠佳。学习生字慢，就连简单的字也很难记住。朗读课文断断续续，一个字一个字地“蹦”。对课文中的主旨无法掌握，不理解简短篇目的中心思想。写作能力明显低于同龄儿童。老师要求写一篇一百字的作文，聪聪憋了一晚上也没有写出几个字来。他的其他科目成绩为中等水平。读题时经常看串行，丢字、落字，忽略重要信息。家长回忆，聪聪说话较晚，2 岁时仅能用短语对答，上幼儿园时学字母很费力，不爱读绘本。

韦氏智测： 智商正常。

学习障碍筛查量表（PRS）： 低于 60 分。

诊断： 特定学习障碍 （阅读障碍）。

第十二章

情绪障碍：抑郁症、双相情感障碍

“你怎么又不高兴了？”

“就不能乖乖听爸爸妈妈的话吗？”

“你看看别人家的孩子，多懂事，从来不让家长操心！”

来自爸爸妈妈的“咆哮”时常会萦绕在孩子的耳畔。

“我也不想这样！”

“我控制不住自己，我真的好难受！”

“你们根本就不懂我！”

这是孩子激烈却苍白无力的“抗争”。

“不懂你？我们辛辛苦苦上班养你，还不懂你？你就是太任性、太叛逆了！”

其实，爸爸妈妈也是从孩子长大的。在我们的印象中，校园就像无忧无虑的象牙塔，遮蔽了风吹日晒，保护孩子免受外界袭扰。

但时过境迁，当下频频发生的青少年情绪障碍事件告诉我们，在学龄期这个特殊阶段，孩子要面对的不只是学业上的压力，更要面对自身心理和情绪的发展变化。

当原本乐观开朗、爱说爱笑的孩子逐渐变得孤僻，长时间把自己关在房间里时，作为家长，我们该如何探寻其原因，如何理解孩子，再次打开他们的心扉呢？

一、抑郁≠抑郁症

1 什么是抑郁

如果用颜色比喻人的情绪，那么抑郁一定不是暖色。

抑郁（depression）是人类的正常情绪反应。当遇到不尽如人意的事情时，我们会出现一段时间的情绪低落。一般情况下，小朋友的情绪波动比成人明显，他们遇到烦心事更容易不开心。但在正常心理调节系统的调节下，孩子的低落情绪会随时间逐渐淡化，注意力会被其他愉快的事情所吸引，因此也更容易重新高兴起来。

2 什么是抑郁症

当小朋友长久地陷入悲伤之中无法自拔时，家长就要当心了。

儿童抑郁症是起病于儿童或青少年期的以情绪低落为主要表现的一类精神障碍。数据显示，儿童青少年抑郁症的患病率为2%～8%，其中多数患者为13岁至18岁的青少年，男生和女生的发病比例在1∶4左右。

二、抑郁症的表现

在孩子的成长过程中，情绪波动十分常见。但令家长困惑不已的是，怎样才能在第一时间准确判断，孩子究竟是正常的、暂时的抑郁，还是已经患有抑郁症。

爸爸妈妈要耐心、细心地观察孩子，以获得更多信息（临床表现），这些表现主要集中在核心症状群、心理症状群和躯体症状群三个方面。深入了解这些症状，能帮助家长敏锐地捕捉到孩子的异常之处，以便及时寻求专业帮助，守护孩子的心理健康。

1 核心症状群——情绪与活力悄然改变

（1）心境低落

孩子整天闷闷不乐，郁郁寡欢，看待一切事物都是灰暗的。

他在学校里不积极与同学和老师交流，常常独自坐在座位上发呆；回到家后，不主动与家人互动，关上房门沉浸在自己的世界里。

有的孩子会经常哭泣，因为一点儿小事就委屈落泪，低落的情绪难以自行缓解。

（2）兴趣减退

孩子对曾经热爱的活动明显失去兴趣。

比如，原来喜欢绘画的孩子不再主动画画，对参加绘画兴趣班也表现出抗拒；喜欢运动的孩子不再积极参加课间体育活动，放学后也不愿出去玩耍，对各类体育赛事也不再关注。

甚至对原本喜欢的明星和能玩到废寝忘食的电子游戏都提不起兴趣，觉得一切都“没有意思”。

（3）精力下降

即使得到了充足的休息，仍会在日常活动中容易感到疲劳。

在课堂上，患儿经常打瞌睡，无法集中精力听讲；写作业时频繁中断，完成效率很低，时常自诉疲乏；参加社交活动也懒洋洋的，缺乏活力。

2 心理症状群——内心世界的挣扎显现

（1）焦虑

患儿会表现出过度的紧张和不安，在考试或重要活动前尤为明显。他会因为一些小事过度紧张，如担心上课迟到，害怕老师批评。焦虑情绪可能使孩子坐立不安、小动作多、心慌、呼吸急促。

（2）自责自罪

尽管家长并没有批评指责，孩子却觉得自己是个“坏孩子”。他认为自己辜负了家长和老师的付出和期望，觉得对不起父母，认为自己是他们的累赘，把一些不相干的事情当成自己的错误。

（3）精神病性症状

在严重的情况下，患儿可能会产生幻觉和妄想，比如，听到不存在的声音和看到别人看不到的东西，坚信不真实的事情，如自己被同学孤立和被老师针对。通常这些幻觉和妄想与孩子的抑郁情绪相协调。

（4）认知症状

抑郁情绪会影响患儿的认知功能，导致注意力不集中，记忆力下降，思考问题的速度变慢，影响孩子的日常社交和学习成绩。

（5）自杀念头和行为

抑郁症较为严重时，部分患儿可能会出现自杀念头和自伤行为。比如，偷偷藏药或者用锋利的物品划伤自己。这是极其危险的信号，家长必须立刻寻求专业医生进行干预。

（6）自知力

绝大部分抑郁症患儿自知力完整，能够主动诉说痛苦并表达求治意愿。少部分患儿对自己的状况缺乏认识，不认为自己生病了，拒绝就医，这时需要家长主动干预。

3 躯体症状群——身体发出警报

（1）睡眠紊乱

孩子的睡眠模式会发生改变。

比如入睡困难，躺在床上翻来覆去很长时间难以入睡；睡着后多梦，容易惊醒；早醒，比平时提前几小时醒来，并且无法再次入睡。

(2) 饮食紊乱

患儿会食欲不振，食量明显减少，甚至出现体重下降。有的孩子则与之相反，他们会暴饮暴食，通过大量进食来排解内心的痛苦。

(3) 躯体化症状

患儿可能出现身体各个部位的不适，做了多次躯体检查却未发现任何问题。

比较常见的是头痛、胃痛、腰背疼痛，这些疼痛可能会持续存在或时好时坏，有的孩子的症状在特定的情况下（如在学校）会加重，休息日回到家中就不会发作。

三、抑郁症的病因

儿童青少年群体抑郁症病因较为复杂。

1 生物学因素

如果家中有抑郁症或其他精神疾病的遗传史，孩子的患病率会增加。

此外，大脑神经递质的失衡，如去甲肾上腺素和5-羟色胺等分泌不正常会影响情绪的调节，也有研究认为多巴胺系统同样具有重要意义。

2 心理学因素

儿童青少年的心理承受能力较弱，看待事物非黑即白较为极端，更容易受到负面情绪的影响。

不同心理流派有不同的解释，如精神分析理论强调幼年经历对后续生活的影响，将抑郁症的发生看成是对养育者攻击性的表达。

3 社会环境因素

抑郁症发作前常常会有负性生活事件的刺激。

家庭环境对孩子的情绪影响很大，父母关系紧张，发生争吵，或者对孩子过于严厉和忽视，都会给孩子带来心理创伤。此外，校园霸凌事件、人际关系不和谐、成绩欠佳等校园问题也是重要的诱发因素。

独角兽时间

出镜小朋友： 小雨

性别： 女

年龄： 13 岁

因情绪低落半年，有自伤行为来就诊。

询问病史： 父母均无精神疾病史，母亲孕期身体健康，按时产检，小雨足月顺产，婴幼儿时期发育正常。6岁入小学，学习生活都较顺利。现在上初一，近半年来，老师发现小雨沉默寡言，很少露出笑容。父母反映小雨回到家中，经常关起门独自待着。以前喜欢的绘画和舞蹈都不再感兴趣，食欲明显下降，睡眠质量变差，有时还会莫名哭泣。家长起初以为是学习压力大，开导后情况并未改善，反而愈发严重。近日发现小雨有用刻刀划伤自己手臂的行为，小雨自诉在生活中找不到乐趣，活着很累，有自杀的想法。

初步诊断：儿童抑郁症。

四、双相情感障碍

“这孩子忽然一反常态，兴高采烈的，我孩子的抑郁症是不是装的？”

与持续情绪低落不同，有的孩子的状态如同起伏波动的正弦曲线，于是有的家长便有了这样的困惑。

其实，双相情感障碍作为一类严重的精神疾病，正潜伏在孩子身边。它的典型特征是既有躁狂或轻躁狂发作，又有抑郁发作，虽然它的发病率低于抑郁症，但仍是全世界青少年致残的第四大疾病。

其中，躁狂发作的表现与抑郁发作形成鲜明对比，具有特殊的症状。

1 情感高涨

情感高涨是躁狂发作期青少年最为显著的特征之一。

他们脸上洋溢着笑容，对周围的一切都充满了热情。生活中的平常小事，都能让他们兴奋不已。这种情绪是夸张并有感染力的。有时，他们则表现为易激惹、脾气大，为一点儿小摩擦而大动肝火，频繁顶撞家长和老师。

2 思维奔逸

双相情感障碍患者的联想、思考速度如同脱缰的野马，脑海中会不断涌现各种新奇的念头。与同伴交流时，他语速快，滔滔不绝。

比如，在讨论学校运动会的事情时，他能从运动会的项目聊到体育明星，又说到明星代言的产品，以及相关电影情节，话题转换之快让人摸不着头脑。

3 意志行为增强

活力充沛，似乎有用不完的精力。

在学校里，他们可能会同时报名多个社团活动，积极竞选班干部，爱凑热闹。在家里，一会儿布置房间，一会儿想做一顿大餐。花钱大手大脚，购买大量物品，完全不考虑实际需求和经济状况。

这种过度的意志行为，往往是冲动草率做出的，结果一事无成。

4 伴随症状

睡眠减少，一天只睡两三小时，熬夜到很晚，第二天仍然精神抖擞。

食欲亢进，暴饮暴食。

在性欲方面，他表现出与年龄不符的性好奇，对异性的关注程度明显提高。

双相情感障碍的病因与抑郁症类似。值得指出的是，抑郁症通常受心理和社会因素影响较大，双相情感障碍则受遗传因素的影响较大。

抑郁症和双相情感障碍对学龄期孩子的学习、生活和社交都会产生极大的影响。如果出现以上症状，家长、老师应尽早寻求帮助，进行专业评估和诊断，通过科学的治疗方法帮助他们恢复心理健康，避免危害性事件的发生。

第十三章
同伴关系问题：欺凌、孤立与被排斥

“你每天上学、放学都不高兴，是不是班里有同学欺负你了？”

“已经很久了，我不敢说……”

“妈妈，我今天不想去上学了，找老师告状，他们只会欺负得更厉害！”

也许某天，事情的后果会突然变得更加严重……

婴幼儿期，孩子的社交范围主要在家庭，社交对象是父母和主要抚养人。随着孩子逐渐长大，其社交范围逐渐扩展，交往对象也由父母发展到同龄小朋友，开始有了同伴关系。

同伴关系，指的是年龄相仿的孩子在一同玩耍、学习等活动中建立并发展的人际关系。同伴关系有好有坏，到了学龄期，不和谐的声音也许已经开始暗流涌动、出现……

一、良好的同伴关系

学龄期儿童的同伴关系由松散到亲密可以分为三种类型，即群体、朋党、友谊。

群体：这类同伴通常因对某一活动有共同兴趣而聚集在一起，规模较大而个人特征较少，如学校的班集体。

朋党：比群体的凝聚力更高，规模更小。

友谊：规模最小，亲密度最高，随着年龄增长，友谊的重要性也在不断提高。

同伴关系带来了情感支持和物理陪伴，也满足了孩子成长过程中的诸多心理需求，如归属感、安全感、自我同一性、自尊等。

儿童心理学家皮亚杰认为，同伴关系反映了儿童认知、语言、社交技能方面的能力，良好的同伴关系对儿童个体发展具有深远影响。孩子在同伴关系的互动中学会共情和理解，学会处理矛盾和分享合作。

良好的同伴关系会提高孩子的自尊心和自信心，相反，不良的同伴关系会对孩子的心理健康产生负面影响。

二、不良的同伴关系

1 校园欺凌

校园欺凌是指在校园内外学生间一方（个体或群体）单次或多次蓄意或恶意通过肢体、语言及网络等手段实施欺负、侮辱，造成另一方（个体或群体）身体伤害、财产损失或精神损害等的事件。2020 年，华中师范大学教育治理现代化课题组针对校园欺凌问题在我国山东、广东、湖南、湖北、广西、四川六省进行实地调研，结果显示，校园霸凌在中小学生中的发生率为 32.4%，这一数据警示我们要高度关注和重视这一问题。

（1）定义

挪威学者丹·奥维尤斯最早在 1978 年提出校园欺凌

的定义，即被欺凌者长时间暴露于一个或多个同龄人反复的故意的负面行为下，造成心理或身体的不适或伤害。

（2）类型

肢体欺凌。肢体欺凌是较为常见的一种欺凌形式，包括推搡、拳打脚踢、抢夺财物、强迫他人做特定动作等直接对身体造成伤害的行为。

言语欺凌。通过言语对被欺凌者进行嘲笑、辱骂、威胁，如给同学起侮辱性外号，在众人面前大声嘲笑被欺凌者的外貌或者家庭情况。

关系欺凌。通过故意孤立被欺凌者来达到伤害他的目的，如几个同学联合起来不和某个同学一起玩耍、说话，使其在校园中处于孤立无援的状态。

网络欺凌。随着互联网和电子产品的普及，网络欺凌的发生率在增长。欺凌者通过社交媒体、短信、电子邮件等发布恶意信息，造谣诋毁被欺凌者。这种欺凌形式的影响范围更广，可能会给被欺凌者带来更大的伤害。

2 孤立与排斥

同伴孤立形成了个体和群体的对立，严重影响人际关系。

与同伴欺凌不同，同伴关系中的孤立与被排斥多为冷暴力，有时只有被孤立和排斥的孩子本人才能感受到。

（1）定义

同伴孤立通常指个体被拒绝加入一个小团体或一场活动，如被欺凌者被拒绝加入课外兴趣小组，同学的生日聚会没有被邀请等。

同伴排斥属于一种社交排斥，剥夺了孩子在正常人际交往中拥有归属感的需求，容易促使孩子主动或被动地结交不良同伴，发展出斗殴、吸烟、饮酒等不良行为。

（2）特征

研究指出，近三分之一的受孤立和排斥的孩子不愿意主动寻求帮助，因此家长和老师很难发现这些问题，进而不能及时提供必要的支持和帮助。

相比直接的暴力，它的危害性比较隐蔽，甚至有近一半的在校学生认为这是团体中自然存在的现象，不需要进行干预。这是错误的观点。

三、同伴关系·对学龄期儿童心理健康的影响

1 学校适应

学校适应是指在学校环境中与学业成就相关的表现，是儿童心理健康的重要指标。研究表明，不良同伴关系可能与学习困难、留级、辍学、逃学等相关。

学习受挫：孩子可能会分心。

同伴关系不良的孩子总想着自己被欺凌或孤立的场景，学习时注意力差，效率低下。在学习上，因为缺乏同伴的支持和激励，学习动力不足，甚至会出现逃避上学的行为，认为“学习是没有意义的，反正同学也不会喜欢我”。

社交融入：集体活动参与度低。

同伴关系不良的孩子有可能会被排挤在小组活动之外，或者因害怕引发更多的矛盾而不愿意主动参与，因此无法体验校园集体生活和课外活动带来的乐趣和成长。同伴关系也可能间接影响孩子和老师的关系。当孩子正因为同伴关系而情绪低落、行为异常时，老师可能会误解为孩子学习态度不端正，批评孩子。这样的批评会使孩子糟糕的校园生活雪上加霜。

2 问题行为

不良的同伴关系与青少年群体里的问题行为密切相关。

攻击性行为：在社交中频繁使用。比如，被同伴抢走玩具后，孩子直接通过推搡、抢夺等方式表达自己的愤怒。如果孩子所处的同伴群体中存在这样的攻击行为，那么孩子出现这种行为可能是一种习得和模仿。

退缩性行为：为了避免受到攻击，孩子减少与同伴的接触和互动，对自己的社交能力产生怀疑，不敢交新朋友。

违规违纪行为：为了在同伴中获得关注和认可，孩子会通过在课堂上捣乱，在课后和“不良少年”结伴抽烟等行为吸引同学注意或得到同伴认可。这些行为并非出于孩子自己的选择，而是迫于同伴压力，不想失去少有的“友谊”而选择的顺从。

3 情绪失调

持续的不良同伴关系的困扰可能使孩子失去正常的情绪调节能力。

烦躁易怒，易激惹：在与同伴的相处中，频繁的矛盾冲突会使孩子情绪不稳定，积累的负面情绪缺少合适的渠道发泄，转化为对家人发脾气、在学习上缺乏耐心。

社交恐惧和学校恐惧：例如，在经历过几次同伴的嘲笑后，孩子对社交产生了恐惧的心理，甚至无法和欺负自己的同学待在同一间教室里，一想到上学就紧张、发抖。

孤独和抑郁状态：长期的同伴关系问题会使孩子处于孤独和抑郁状态，感觉自己不被别人理解和接纳，对未来感觉迷茫无助。孩子的自我认知出现偏差，自我价值感低，陷入自我否定的情绪中。

四、同伴关系问题的应对策略

1 了解：关注孩子的同伴关系

观察孩子的日常生活行为，比如，是否有突然不想上学、情绪波动大、身上出现伤痕等迹象。

倾听孩子的感受，适当表达理解和共情，不要急于批评或给出建议。

2 引导：帮助孩子锻炼社交技能

人际交往能力差的孩子更有可能受欺凌和被孤立。教导孩子如何与同伴友好相处十分重要，比如，帮助孩子学会分享、合作、表达感谢。家长可以和孩子一起通过角色扮演，练习在特定情况下如何应对同伴关系问题。

支持孩子参加兴趣班、社团等社交活动，创造更多与同伴接触的机会。

3 支持：发现问题，科学应对

孩子透露自己的遭遇时，家长要保持冷静，优先平复孩子的情绪。

包容孩子可能出现的极端行为，如长时间哭泣或拒绝上学，不要轻易地指责孩子，以免造成二次伤害。

4 信念：传递自尊自爱

有些家长过分强调孩子的听话和顺从，促使孩子在人际交往中形成了“讨好型人格”，生怕自己惹别人不高兴，不敢表达自己，无法维护自己的正当权益。

爸爸妈妈应该传递自尊自爱的信念，保护孩子的自尊心，让孩子“不惹事也不怕事”。

5 帮助：联系老师、心理医生

发现孩子被欺凌或孤立后，爸爸妈妈应第一时间联系老师，反映具体情况。当孩子因害怕打击报复而不敢说出口时，家长更应鼓励并陪同孩子向学校反映情况。

如果孩子出现难以缓解的情绪低落或反常的情绪，一定要及时寻求专业医生或心理咨询师的帮助。

独角兽时间

出镜小朋友： 小玲

性别： 女

年龄： 11 岁

因不想上学、紧张焦虑半年来就诊。

询问病史： 小玲自幼体型偏胖，进入小学后体重逐渐增加。近半年来，小玲因身材肥胖在学校遭受同学的嘲笑和孤立，常被起外号（如“胖妞”“猪头”）。在几个同学的带头挑唆之下，班级组队进行课堂活动时没有人愿意和小玲一组，课间操集体游戏时也不允许小玲加入。小玲自述每天上学都感到害怕和焦虑，担心被同学取笑或欺负。小玲觉得十分自卑，不知道是自己做错了还是同学的问题，也不敢告诉老师。近日，在家长的关心和追问下，小玲才说出在学校的遭遇。

后续：在医生的建议下，家长陪同小玲向老师反映了小玲遭遇的欺凌事件，老师严肃批评警告带头的同学，要求他们向小玲公开道歉。之后，小玲主动结交班级里友善的同学，在接纳自己的前提下加强体育锻炼，健康饮食，不断融入多彩的校园学习生活中。

第十四章 身份认同困惑：性别认同或性取向的疑问

“小姐姐，为什么他们都说我得穿蓝色背带裤？可我明明觉得你穿的粉色小裙子更好看！”

“妈妈妈妈，我也想玩打仗游戏，可是小哥哥他们就是不带我玩！”

“爸爸，为什么每次我只要说想和女生一起玩，大家就都嘲笑我？”

“爷爷，奶奶，看我的脸白不白？嘴唇红不红？可别告诉妈妈我偷偷用了她的化妆品呀！”

这就是学龄期孩子“特别的烦恼”——性别认同，而学龄期也是性别意识形成和探索自我身份的关键阶段。

孩子 3 岁左右，即性意识产生初期，大约有 40%的儿童开始明白自己的男女性别，具体表现为大部分男孩子喜欢玩汽车模型，而女孩子喜欢玩洋娃娃。

性别认同和性取向是个人身份的重要组成部分，然而，偏偏有一些孩子在探索自我的过程中会产生疑问和迷茫。

当同龄人开始用“男生要玩汽车，女生要玩洋娃娃”“男生穿裤子，女生穿裙子”等标签定义彼此时，这些孩子却发现自己与这些社会期待格格不入。

随着逐渐长大，青春期早期的孩子对性取向的自我觉察也悄然浮现。

心理学家阿德勒说：“幸福的人用童年治愈一生，不幸的人用一生治愈童年。”在脆弱敏感的时期，这些困惑若得不到消除，极有可能导致孩子自我否定、社交回避，甚至有抑郁倾向。

让我们走进花季、雨季，来了解一下孩子身份认同困惑的两个方面——性别认同障碍和性取向。

一、性别认同障碍

1 性别认同的定义

性别认同是指个体对自己属于男性或女性的内在感

受和认知，在大多数情况下，这和孩子的生理性别是一致的，但仍有部分孩子会经历性别认同障碍。

他们内心感受到的性别和出生时被赋予的性别不一致，这种不一致可能引起多种心理和行为上的变化。

值得注意的是，仅有16%的性别认同障碍儿童的性别认同障碍会持续至成年期。

2 认同障碍的表现

强烈地想成为另外一个性别——比如，小男孩会诉说自己想成为女孩，或者诉说“我本来就不是男孩子”，在家长纠正劝说后仍然坚持。

拒绝穿同自己生理性别相符的衣服或喜欢异性的打扮——出生性别为男孩的儿童模仿女性的打扮，试图留长头发；有些男孩会喜欢穿妈妈的裙子、高跟鞋；而出生性别为女孩的儿童喜欢留短发，在妈妈要求其穿裙子时哭闹拒绝。

在游戏和动画影视剧中，喜爱与自己性别不同的人物——孩子在游戏扮演中，喜欢扮演异性的角色，或者在看动画片和影视剧时想要成为与自己性别不同的人物，对其表现出强烈的欣赏和认同。

喜欢与异性儿童玩耍——孩子的朋友中大多是异性儿童，称“和他们更聊得来”“和同性别儿童没什么可聊的”。

对适合自己生理性别的典型游戏和活动表示抗拒——出生性别为男孩的儿童对男性化玩具或打斗游戏不感兴趣，甚至抵触，反而喜欢过家家和打扮娃娃等女性化游戏；出生性别为女孩的儿童抗拒女性化游戏，喜欢刺激和打斗的游戏。

强烈厌恶自己的性生理特征——进入青春期后，这种表现会更为明显，孩子甚至有想要去除自己的性生理特征的愿望。

二、性取向的迷茫

1 性取向的定义

性取向是指一个人在情感、浪漫和性吸引上所指向的性别。孩子在成长过程中，可能会逐渐意识到自己对同性或异性有着特殊的情感和吸引，这种意识的觉醒可能会让他们感到迷茫和不安。

2 性取向困惑

（1）情感倾向

孩子会对同性朋友表现出更强烈的情感依赖和亲近欲望，喜欢与同性朋友形影不离，对他们的关注超过了一般友谊的范畴。在青春期，这种情感可能会进一步发展为爱慕之情。

（2）行为表现

在与同性相处时，孩子可能会表现出一些特殊的行为，比如，频繁地给对方送小礼物，主动帮忙，更注重自己在对方面前的形象等。同时，可能会对异性的追求或示好表现出回避或冷淡的态度。

（3）内心困惑和挣扎

由于社会上存在对性取向的世俗观点和误解，孩子在意识到自己的特殊情感后，往往会陷入内心的挣扎。他们担心自己与他人不同，害怕受到家人和朋友的歧视和排斥，可能会选择隐藏自己的真实感受，从而产生孤独、抑郁等负面情绪。

三、身份认同困惑

1 复杂成因

性别认同障碍和性取向困惑的成因极其复杂，可能与生物、心理和社会文化等因素相关。

（1）生物学因素

研究表明，大脑结构和神经发育可能对孩子性别认同和性取向的形成有一定影响，如雄激素和对雄激素敏感的神经元可能参与调控。

（2）心理因素

家庭中父母对孩子的养育方式、性别角色期望等都可能影响其性别认同和性取向。父母过度强调某种性别角色的刻板印象，或者批评、打压孩子，逆反和过分顺从心理都可能使他产生身份认同困惑。

（3）社会文化因素

社会上对不同性别的刻板印象和期望无处不在，影视作品、广告、书籍等文化产品中固化的性别形象和恋爱模式，可能会影响孩子对性活动的探索。

2 应对策略

初次了解到孩子的身份认同困惑时，相信家长难以按捺内心的恐慌和忧虑。值得庆幸的是，大部分身份认同困惑不会持续至孩子成年期。况且，随着时代的进步和社会包容度的提升，比起担忧和指责，迷茫的孩子更需要家人坚定地站在他们身边，收获更多的理解和包容。

(1) 家长和老师要保持开放的心态

认真倾听孩子内心的想法，让其感受到被理解和接纳。不要指责或嘲笑他的困惑，而要给予温暖和理解，帮助孩子建立自信。

(2) 提供正确的知识和教育

通过合适的方式，向孩子普及有关性别认同和性取向的科学知识，让他们了解自己真实的内心感受。我们可以借助书籍、科普视频等资源，以孩子能够理解的方式进行讲解。

(3) 营造包容的环境

家庭、学校和社会都应努力营造一个包容、多元的环境，减少对性别认同和性取向的刻板印象和歧视。学校可以开展相关的主题活动，促进学生之间的相互理解和尊重；家长要以身作则，传递平等、包容的价值观。

(4) 寻求专业帮助

如果孩子的困惑严重影响他的日常生活和心理健康，家长应及时寻求专业心理咨询师或医生的帮助。专业人士能够根据孩子的具体情况，提供个性化的指导和支持，帮助其度过这段迷茫期。

独角兽时间

出镜小朋友： 小辉

性别： 男

年龄： 14 岁

因进入初中后，越来越不喜欢自己男性的身份就诊。

询问病史： 小辉喜欢留长发，穿一些比较中性的衣服，对足球、篮球等男生喜欢的运动毫无兴趣，反而热衷于参加学校的舞蹈社团，和女生一起排练舞蹈。在与同学的相处中，他发现自己对同社团的一位男生有着特殊的好感，这让他感到十分困惑和苦恼。他不敢把这些想法告诉父母和朋友，内心的压力越来越大，导致他在学习上也变得心不在焉，成绩明显下滑。他鼓起勇气向老师倾诉了自己的困惑，老师表示理解和支持，并建议他和父母一起寻求专业帮助。

后续： 在医生的帮助下，小辉意识到自己并不是“怪胎”，逐渐接纳理解了自己的感受。小辉和父母进行了一次深入的谈话，父母了解情况后，虽然有些惊讶，但表示会支持他。小辉变得开朗起来，学习成绩也慢慢得到了提升。

第十五章

网络成瘾：数字时代的新挑战

“爸爸，我作业都写完了，就让我再玩一局吧！最后一局！”

“妈妈求求你了，让我登录游戏，领一下每日奖励，要不之前积累的分值就没用了……”

在这个信息化、数字化飞速发展的时代，网络已成为人们生活中不可或缺的一部分。

对于学龄期的孩子，网络既是他们获取知识、拓宽视野的窗口，也是娱乐休闲、社交互动的平台。

然而，硬币总有两面。

在孩子享受着网络带来的便利和网络世界的纷繁的同时，网络成瘾的问题也悄然浮现，给他们的身心健康和成长带来了诸多严峻挑战。

据统计，学龄期儿童平均每日电子产品使用时间长达4.6小时。世界卫生组织甚至已将“游戏障碍”列入了国际疾病分类。中国青少年网络协会第四次网络成瘾调查研究显示，我国青少年网络成瘾发生率已达9.72%。

更令人担忧的是，对网络的依赖不同于药物或者物质成瘾，它更多的是一种心理上的依赖，因此很难戒除。

谁能确定，自己是精心织网的蜘蛛，还是不幸被网捕获的猎物？

一、网络成瘾的表现

网络成瘾主要分为四种，即网络游戏成瘾、网络色情成瘾、消息邮件成瘾和网络活动（如购物）成瘾。

网络成瘾的孩子可能涉及其中一种或多种混合，不过不同的网络成瘾类型有着相同的特征。

对网络的渴望——不能接触网络时总想着再次上网，不能集中注意力听课。上网时兴高采烈，感到心情愉快。

耐受性增加——希望上网的时间越来越长，玩更刺激的游戏，升级更好的手机、电脑等上网装备。

不能上网时情绪低落——没有网络时，觉得生活空虚无聊、心情沮丧、坐立难安，一上网，心情就好起来了。

掩饰和撒谎——不让家长、老师知道自己上网的真实时长，掩盖自己在网络上的所作所为。

逃避现实的手段——有时，孩子上网是为了摆脱现实问题，如学业困难、交友阻碍；或是因为缺少陪伴，上网成为消磨时间的工具。

二、网络成瘾的危害

网络成瘾对孩子的身心健康、生活、学业均有不利影响，一旦出现，需引起老师和家长的重视，及早干预。

1 身体

肩关节、腕关节、手指关节等由于长时间不动或过度活动出现肿痛，活动受限，甚至发炎坏死。

用眼过度导致视力下降，眼干畏光，患上结膜炎等。

饮食睡眠受到影响，昼夜颠倒，体重下降，严重影响身体免疫力。

2 心理

沉迷网络忽视现实社交，自我封闭，对亲人朋友疏远。

对其他活动失去兴趣，原有的兴趣爱好如画画、唱歌全部置之不理。

以网络中的虚拟形象替代了真实自我，对现实中的自我形象缺乏正确认识。网络信息鱼龙混杂，孩子难以分辨善恶真伪，容易习得不良价值观。

3 学业

网络成瘾占用大量学习时间，在学习时也分心想着上网，学习效率低下。

长此以往，孩子的学习成绩明显下降，甚至可能出现厌学、逃学等问题。

三、网络成瘾的原因

网络成瘾是多种因素相互作用的结果，涉及孩子自身心理特点、家庭因素、学校社会因素等方面。

1 人格

研究发现，缺乏自信、性格内向、社交能力差、害羞自卑的儿童可能有较高的网络成瘾倾向。

在网络世界中，我们不必担心别人怎么看自己。孩子会通过游戏和网络团体中的虚拟身份获得自我实现的满足感。在游戏中通过升级、获胜等方式获得成就感，在社交平台上通过获得点赞、评论来满足自己的社交需求。

2 家庭

一些家长对孩子过于溺爱，缺乏必要的约束和引导，导致他们有条件长时间沉迷网络。而有些家长则过于严厉，对孩子缺少陪伴和沟通，致使孩子通过网络寻求感受不到的温暖和支持。

此外，家长自身的上网习惯也会影响下一代，比如，晚饭后，家长躺在沙发上看手机。

3 学校

如果学校过于强调学生成绩，提供的是枯燥的学习环境、匮乏的课余活动，则会导致孩子在网络中寻求乐趣。如果缺乏正确的引导和教育，则孩子难以抵抗网络诱惑。

四、网络成瘾的应对策略

网络成瘾的儿童无法自主停止过度上网行为，及时干预和治疗是非常必要的。

1 家长加强监管与引导

家长要与孩子建立良好的沟通关系，了解他们的上网需求和心理状态。合理安排孩子的上网时间，制订明确的上网规则，如规定每天上网的时长、上网的时间段以及禁止浏览哪些内容等。

同时，家长要以身作则，减少自己在孩子面前使用电子设备的时间，为他们树立良好的榜样。

2 培养兴趣爱好，丰富课余生活

鼓励孩子参加各种有益的课外活动。丰富的课余生活可以让孩子减少对网络的依赖。

例如，让孩子参加足球、篮球等体育活动，既能锻炼身体，又能培养团队合作精神；学习绘画、音乐等艺术技能，有助于提高孩子的审美能力和创造力。

3 学校开展健康上网教育活动

向学生普及网络安全知识、正确使用网络的方法以及网络成瘾的危害。

同时，学校可以组织开展与网络相关的主题活动，如网络文明宣传活动、网络安全知识竞赛等，引导学生正确看待网络。

4 寻求专业帮助

如果孩子的网络成瘾问题较为严重，家长可以寻求心理咨询师或医生的帮助。专业人士会通过心理辅导、行为矫正等方法，帮助孩子摆脱网络成瘾的困扰，恢复其正常的学习和生活。

独角兽时间

出镜小朋友： 小刚

性别： 男

年龄： 13 岁

因网络游戏成瘾半年来就诊。

询问病史： 小刚在小学时成绩优异、性格开朗。上了初中后，他开始沉迷于一款网络游戏。每天放学回家，他就立刻打开手机玩游戏，常常玩到深夜，作业也不认真完成。在学校里，他上课打瞌睡，注意力不集中，学习成绩一落千丈。他也逐渐变得孤僻，不愿意和同学交流，与父母的关系也变得紧张起来，只要父母一拿走手机、限制他上网，他就会大发脾气。

后续：在医生的指导下，小刚诉说自己希望回到原来的学习生活，但难以抵抗游戏的诱惑。医生建议父母为他制订上网时间表，每天只允许他在完成作业后玩20分钟游戏。同时，鼓励他参加学校的篮球社团。后来，小刚在社团中结识了很多朋友，感受到了团队合作的真实快乐，对游戏的依赖逐渐减少。学校老师也关注到了小刚的变化，在学习上给予他更多的帮助。小刚摆脱了网络成瘾的困扰，恢复了正常的生活。